AF609205

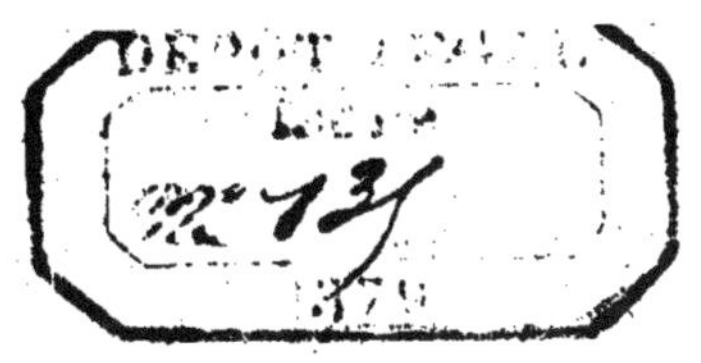

L'HOMME D'ORAISON

L'ABBÉ J.-B. GERIN

Curé de la Cathédrale de Grenoble

ET VICAIRE GÉNÉRAL DU DIOCÈSE

Mort en odeur de sainteté le 13 février 1863.

SOUVENIRS DE M. DAUSSE

L'UN DE SES PAROISSIENS

AVEC NOTES RELATIVES A L'APPARITION DE LA SALETTE

Aux Secrets et à Maximin.

Porro unum est necessarium. Maria optimam partem elegit, quæ non auferetur ab eà. (Luc, 10-42.)

Invictum ab oratione spiritum nunquam (relaxabat). (Horstius, 2-1-3.)

Il était en commerce continuel avec Dieu. (Orcel).

Benè omnia fecit. (Marc, 7-37.)

Inspice, et fac secundum exemplar quod tibi... monstratum est. (Exo., 25-40.)

SE VEND AU PROFIT DES PAUVRES DE NOTRE-DAME

GRENOBLE

BARATIER ET DARDELET, IMPRIMEURS DE L'ÉVÊCHÉ.

1879

DÉCLARATION

L'auteur adhère et se soumet pleinement par avance à tout ce que la sainte Eglise pourrait ordonner touchant cet opuscule, œuvre d'un laïc, dépourvu de la science sacrée et très-sujet à se tromper tout en croyant bien faire de le publier.

Le mot de saint lui échappe souvent, mais, bien entendu, avec la seule valeur qu'il peut lui donner. Bref, il se soumet en toutes choses aux prescriptions du Pape Urbain VIII.

Grenoble, le 19 septembre 1879.

A la Très-Sainte-Vierge.

O ma divine Mère,

En ce jour de salut, trente-troisième anniversaire de votre Apparition douloureuse sur la montagne de la Salette, daignez me permettre de vous dédier ces SOUVENIRS, parce qu'ils se rapportent à un saint Prêtre, qui vous a singulièrement aimée et fait aimer.

Votre très-indigne serviteur et esclave,

Marie-Joseph-Pierre-Paul-Jean-François-Benjamin DAUSSE.

PRÉFACE

Je n'ai pas voulu clore cet opuscule, sans avoir vu les deux sœurs de M. Gerin, qui, Dieu merci, vivent encore : l'une, Mme Saint-Régis, religieuse de la Providence, au couvent de Saint-Symphorien-d'Ozon ; l'autre, Mlle Jeannette, que M. Gerin a retenue dans le monde pour soigner leur mère et qui habite la maison paternelle, aux Roches-de-Condrieu. J'étais allé frapper à la porte de cette modeste et sainte maison, en août 1873, avant de prendre la plume, et je l'avais trouvée close ; le même mécompte vient de m'arriver de nouveau (Mai 1878). Mais, ayant su que la maîtresse était momentanément près de sa sœur, je me suis rendu à Saint-Symphorien, où j'ai eu l'honneur d'être reçu par ces bonnes dames et par la vénérable supérieure du couvent, Mme Sainte-Françoise-de-Chantal, qui a été la première supérieure générale de sa congrégation et la fondatrice de la Maison-Mère de Corenc, et qui a beaucoup connu toute la famille Gerin. Quel bonheur pour moi !... C'est bien en effet par ces trois dames que je pouvais apprendre à connaître un peu plus M. Gerin et sa sainte famille, une de ces familles rares, humbles, cachées, où se conserve la foi d'Abraham ; où les épreuves ne manquent pas, tant s'en faut, mais où surabondent les plus insignes faveurs, les miracles semblant leur être prodigués familièrement pour ainsi dire et à proportion que le démon multiplie et accroît sans mesure le péché dans presque toutes les autres familles ; bref, une de ces familles qui portent le monde et que le monde ignore. N'est-ce pas d'elles, en effet, que sortent nos meilleurs prêtres et nos plus saintes religieuses et nos grands Saints, qui sont bien les vrais paratonnerres de ce triste monde? Les fruits exquis ne viennent que sur des plants choisis et crûs en bonne terre : l'Eglise nous l'enseigne assez par le soin qu'elle met à faire connaître la parenté et l'éducation de ses héros. Aussi bien, ô mon Dieu! quelle différence d'une famille à une autre famille, d'une âme à une autre âme, de l'âme des Saints aux âmes souillées : c'est déjà le paradis et l'enfer!

J'ai dû ménager Mme Saint-Régis, malade depuis Noël, alitée et très-faible. Elle a pourtant bien voulu me raconter sa propre guérison miraculeuse, obtenue par son frère, à Feysin, il y a environ quarante-six ans. J'ai été moins discret avec Mme Sainte-Chantal, et surtout avec Mlle Jeannette. La vraie vie de M. Gerin est toute dans l'excellente mémoire de cette autre digne sœur du saint curé : elle en nourrit sa belle âme et elle la reproduit à beaucoup d'égards, outre qu'elle ressemble tellement à son vénéré frère que je croyais l'avoir retrouvé. Comme lui, elle a des yeux du bleu de ciel le plus pur et elle m'a dit que tous dans sa famille les ont eus ainsi. Elle a sa voix, ses manières, sa simplicité, sa candeur, sa gaieté, sa bonté, sa complaisance, sa bonne grâce, bref, tout ce qu'il y avait d'angélique en lui.

Et je dois ajouter que M. Gerin était comme elle le portrait exact du père ; Mme Saint-Régis tient plus de la mère, quoiqu'elle rappelle aussi singulièrement M. Gerin.

Les communications inappréciables que je viens d'obtenir, m'ont permis de faire quelques additions et corrections à mon opuscule, et d'y ajouter à l'Appendice quelques mots sur les divers membres de la famille Gerin (Note I). Je me garde bien, toutefois, de rapporter en entier ce que j'en sais maintenant, le public de nos jours, même le bon, aurait peine à tout croire. Les additions et corrections dont il s'agit, ont bien été faites sur-le-champ, en mai 1878 ; mais des circonstances indépendantes de ma volonté ne m'ont permis de publier ce pauvre petit ouvrage qu'en septembre 1879.

PROLOGUE

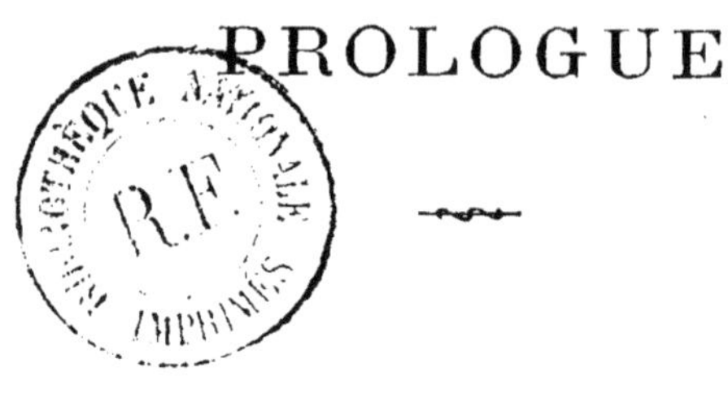

Oleum effusum nomen tuum (1)!... — Votre nom, ô Jésus, est comme un parfum répandu!... Qu'il me soit permis de le dire : le souvenir de M. Gerin est aussi pour moi comme un baume.

Dieu sauve les peuples par les Saints : quel bonheur n'est-ce donc pas d'en connaître; mais aussi quelle obligation, quand on a eu ce bonheur, de publier ce que l'on sait d'eux!... Déjà, hélas! bien des amis de M. Gerin l'ont suivi dans la tombe, sans avoir rempli ce devoir (2). Du moins, que ce soit un motif, un

(1) Cant., 1-2.

(2) Nommément MM. Combalot, de Taxis, Michon, Mélin, etc. Il me faut ajouter à présent M. Orcel.

aiguillon de plus, pour les survivants, de mieux faire! Le faisceau de leurs témoignages, joint aux faits dont il reste trace et aux écrits et lettres qui subsistent, pourra suffire encore, nous l'espérons, à un écrivain compétent, pour perpétuer l'apostolat du Saint.

*
* *

On ne pouvait voir M. Gerin sans désirer de le voir sans cesse. Toute sa personne et ses moindres actes; son visage angélique, son fin et doux regard; sa voix tendre et belle; ses manières affables, vives, franches, simples, modestes; son esprit gracieux, prompt, juste, pénétrant; son cœur affectueux et compatissant; sa parole enfin et sa plume vraiment inspirées : tout en lui révélait un Saint. Ce qu'il y a de sûr, c'est que, dès nos premiers rapports, je l'aimais déjà tant que j'aurais voulu, en effet, ne le plus quitter. Par malheur, il me fallait d'ordinaire vivre bien loin de lui ; mais le bon Dieu, qui compatit aux besoins de nos âmes, agréa mon désir et daigna me ménager de précieuses compensations. Pensant beaucoup à cet homme admirable, j'en parlais à ses amis en toute occasion, et cela m'a valu bien des renseignements essentiels, que ma mémoire, d'ailleurs mauvaise, n'a pourtant guère oubliés. Je vais mêler ces données à ce dont j'ai été témoin, et tout rapporter comme je l'ai vu, entendu, compris, retenu. On pourra vérifier, rectifier, compléter mon récit, et la vérité se fera jour, autant qu'il se peut; car la vraie vie des Saints n'est connue que de Dieu et nous n'en avons jamais que la moindre partie, quand nous l'avons (1). Ils font beaucoup en peu de temps, et il faut bien du temps pour recueillir ce qu'on en peut savoir, sans compter même leurs bienfaits posthumes que l'Eglise recommande de constater également. Aussi, leur véritable historien se fait-il parfois longtemps attendre. Je le croyais du moins, en venant de lire avec délices, un été, en Chablais, la belle *Vie de saint François de Sales* par son imitateur, le vénérable M. Hamon, dont l'œuvre magistrale a été composée plus de deux siècles après la mort du

---

(1) La vie des Saintes est plus connue : douées de cœurs plus aimants que les nôtres, Dieu est bien plus prodigue pour elles que pour nous de faveurs insignes, que leurs guides les obligent à révéler.

Saint. Mais ayant lu depuis l'*Histoire*, de Charles-Auguste de Sales, neveu, disciple et successeur du grand Evêque de Genève, j'ai reconnu mon erreur; car c'est bien là la véritable *Histoire du Bienheureux*, etc., suivant son titre véridique. Jamais écrivain ne fera un portrait sur mémoires, comme un peintre en voyant le modèle.

*
* *

En septembre 1844, étant venu à Grenoble pour y passer quelques semaines de congé dans ma famille, j'eus hâte d'aller voir M. Gerin, auquel je n'avais pu prendre jusque-là que de courts instants. C'était aussi l'époque de ses petites vacances, et Dieu sait comme il les gagnait tout le reste de l'année : nous ne lui laissions de répit ni le jour ni la nuit. Aussi, sans ces courtes vacances, où il visitait toujours sa vénérable mère, qu'il a eu le bonheur de conserver longtemps (1), et quelque sanctuaire peu distant (2),

---

(1) Elle est morte à quatre-vingt-sept ans, le 15 juin 1861, moins de deux ans avant lui. Son père était mort en 1840, à soixante-sept ans.

(2) Fourvières, la Louvesc, le Laus, la Salette.

l'eussions-nous perdu bien plus tôt. Cette fois, il allait au loin, à Einsiedeln; l'un de ses vicaires et un autre prêtre de ses amis l'accompagnaient. Touché de ma vive peine de le voir partir au moment où j'arrivais si empressé près de lui, il me dit vivement : Venez avec nous! Je le pris au mot, et nous voilà, une demi-heure après, à nous quatre tous seuls, dans l'intérieur de la diligence de Chambéry, sur la belle route du Graisivaudan, par une journée magnifique. Le saint homme, qui passait presque sa vie *entre les quatre planches d'un confessionnal*, est ravi de respirer le grand air; on rit de l'appoint du compagnon inattendu, bientôt on ne fait plus qu'un pour ainsi dire, et quel bonheur d'aller une fois de la sorte à Notre-Dame des Ermites!... Mais voici déjà la montée de Légala (1), nous n'allons plus qu'au pas; M. Gerin fait un grand signe de croix et les bréviaires s'ouvrent. C'est le tour du silence. Le recueillement du saint Curé est si vrai et si doux qu'il ravit et se communique, comme avait fait sa pure joie de tout à l'heure. La seule vue des Saints fait involontairement

(1) A une lieue de Grenoble.

subir leur empire, sauf aux communards qu'elle irrite.

Cependant nous avancions, et, malgré les montées assez fréquentes, nous allions bon train pour l'époque; la joie qui croissait avec l'intimité, et la prière qui rendait celle-ci plus profonde, se succédaient; le temps passait vite. Aux repas, aux couchers, aux changements de véhicules, les petites mésaventures qui ne manquent guère en aucun voyage, nous faisaient rire un peu plus. Bref, jusqu'à la grande montée du port d'Ouchy à Lausanne, la charmante gaieté du Saint ne cessa pas. Mais là une dame, touchant à la quarantaine, vient précipitamment s'asseoir à son côté, dans l'omnibus. Ce n'est point aux autres prêtres qu'elle en veut, c'est au doyen, et la voilà qui le prêche. La foi suffit au salut, tel est le thème qu'elle rabâche avec une animation croissante. C'était évidemment une pauvre âme à laquelle une confession eût coûté. M. Gerin baissait les yeux tristement, feuilletant son bréviaire, sans pouvoir rien lire sous le feu roulant des apostrophes qui l'assaillaient et que son silence et son calme rendaient toujours plus vives. A la fin seulement il se borna à dire, avec une pitié et une douceur ineffables : *oui, madame, il faut la foi, mais avec les œuvres...* La prêcheuse en perdit la parole... Elle commençait pourtant à se remettre et à reparler, lorsque, Dieu merci, l'omnibus, au bout de sa course, nous débarqua sur la petite place Saint-François (car elle a conservé son nom), ce qui nous permit la fuite. Nous courûmes, en effet, au bureau des messageries de Berne, tout en plaignant la pauvre huguenote, et bientôt, de nouveau à nous quatre encore tous seuls dans la nouvelle diligence, la joie reprit son cours de plus belle.

Nous traversons Fribourg, Berne, nous suivons l'Entlibuch ; le paysage si frais et si riant, les beaux chalets si élégants et si bien tenus, les vergers délicieux qui les entourent, les costumes si nouveaux pour nous et si pimpants, tout cela continue à nous égayer, hormis M. Gerin. Car plus rien ne le fait rire, lui, et sa tristesse devient telle que nous le croyons indisposé. A la fin je lui demande ce qu'il a : Monsieur le Curé, la voiture vous fatigue ? — Non, mon ami. — Mais qu'avez-vous donc : de grâce, dites-le nous ? — Ce que j'ai !... Ah ! ce que j'ai...

Eh ! ne voyez-vous pas tous ces visages ? — Et que voyez-vous donc sur tous ces visages ? — *Ah ! ce que j'y vois !... J'y vois que l'Eucharistie n'a pas passé par là !*

Mais nous rentrons en pays catholiques, et la joie revient et s'avive à la rencontre des pieuses troupes de pélerins, allant comme nous, mais à pied, à la grande fête du célèbre sanctuaire, la fête de la Croix. Les hommes vont devant, les femmes suivent, et, tout le long du chemin, on prie, on dit tout haut le chapelet, ou l'on chante des cantiques. Tout à coup, d'un sommet couronné d'une Croix, apparaît l'imposante abbaye, le désert qu'elle embellit et sa vaste enceinte montueuse, vêtue de sombres forêts de sapin !... Comment à cette vue ne pas entonner tous quatre ensemble irrésistiblement le *Magnificat ?...*

Je ne parlerai pas de la solennité du 14 septembre à Einsiedeln, des quinze ou vingt mille pèlerins qu'elle attire chaque année ; de la nuit qui précède ce grand jour et que la foule des plus pauvres pèlerins passe dans la vaste basilique, ne pouvant avoir gîte ailleurs ; des prières à haute voix et des chants harmonieux qui ne cessent toute cette nuit, tantôt à une chapelle et tantôt à une autre ; de la longue salle des confessionnaux, au nombre, je crois, de quarante, et à peine suffisants ; des communions qui commencent bien avant le jour et ne finissent que passé midi ; des ravissantes mélodies de l'orgue sous ces voûtes multiples et sonores, formant comme une couronne colossale ; et, la nuit revenue, de la procession du Saint-Sacrement, des innombrables flambeaux qui le précèdent et lui font cortége, de l'illumination de l'immense place qui s'étale en amphithéâtre devant l'abbaye et où se déploient et serpentent les deux files lumineuses de cette procession sans pareille, où figurent et chantent des centaines de prêtres en surplis et toute la sainte communauté bénédictine et son révérendissime abbé ; enfin, du splendide reposoir où se donne le salut solennel, et de la gigantesque croix de feu qui brille tout au sommet d'un mont voisin et qui semble être au Ciel ?... Quand le temps est serein et calme, comme il le fut pour nous, tout cela, en deux mots, fait oublier la terre. Je relèverai seulement que M. Gerin, au lieu d'aller au couvent, où les moines l'eussent comblé de prévenances et d'honneurs, se tint presque tout le jour au fond de la basilique, seul, au milieu des plus humbles pèlerins, dont l'ardente foi le ravissait. Ils étaient là à genoux, les bras en croix, fixant la Madone, la priant à haute voix, ou plutôt conversant cœur à cœur avec elle, longuement et la plupart les yeux pleins de larmes. Jamais M. Gerin n'avait vu tout un peuple si fervent : nos bien-aimés frères de Lorraine et d'Alsace le formaient en partie.

Quant à moi, c'était mon Saint qui me ravissait surtout. Je l'avais observé, épié déjà toute une semaine jour et nuit, et vu toujours bon, simple, aimable ; toujours doux, calme, patient, maître de soi ; ne se plaignant, ne critiquant jamais sans nécessité; voyant ou devinant tout sans qu'il y parût, et même le faisant sentir sitôt qu'il le fallait; ne parlant qu'à propos, naturellement et soudainement comme jaillit l'étincelle du choc de la pierre, et jamais pour parler, et jamais qu'avec une bonté, une grâce, une finesse, une onction et parfois une force indicible; enfin imposant toujours le bien, la paix et faisant régner autour de lui une joie sereine et un bien-être sans nuage. Tel est l'homme que je cherche à rappeler, autant que j'en suis capable, parce que son souvenir est en effet pour moi comme un parfum répandu.

*
* *

Le monde aujourd'hui, revenu à l'athéisme, est passionné à l'âpre et interminable étude de la matière, pour assouvir sa soif, sa curiosité, sa cupidité naturelles, pour gagner les biens passagers qu'il adore et jouir à son aise : mieux vaut ne pas négliger l'étude et l'imitation des Saints, qui sont à coup sûr ce qu'il y a de meilleur, de plus beau, de plus grand et de plus à considérer ici-bas, puisque Dieu a tout fait pour eux : *Omnia propter electos!...* « Que sert à l'homme de conquérir toute la terre s'il vient à perdre son âme (1) : » Cette divine parole, répétée par un Saint à un homme de génie et d'immense ambition, prêt à s'égarer dans les trompeuses voies du monde, en a fait l'apôtre des Indes. Quel bonheur pour lui d'avoir connu et écouté ce Saint!... Quel

(1) Marc, 8-36.

bonheur pour des millions d'âmes !... Grave réflexion à laquelle ne peut nuire, je pense, ce délicieux avis du plus aimable des Saints :

« Ma Philotée, joignons nos cœurs à ces... âmes bienheureuses : car, comme les petits rossignols apprennent à chanter avec les grands, ainsi par le commerce que nous ferons avec les Saints, nous saurons bien mieux prier et chanter les louanges divines (1). »

---

(1) *Introduction à la vie dévote*, édition Blaise, p. 84.

L'HOMME D'ORAISON

L'ABBÉ JEAN-BAPTISTE GERIN

Curé de la Cathédrale de Grenoble

ET VICAIRE GÉNÉRAL DU DIOCÈSE

CHAPITRE Ier.

Sommaire historique.

M. Gerin est né sur les bords du Rhône, dans le diocèse de Grenoble, au village des Roches-de-Condrieu, à trois lieues (S.-O.) de Vienne, le 13 décembre 1797, le jour de la glorieuse vierge et martyre de Syracuse, sainte Lucie. Son père avait quelques champs qu'il cultivait, tout en exerçant le métier de tailleur d'habits. C'était un bon chrétien, et sa femme, une femme forte. Jamais je n'ai entendu fils parler de sa mère comme M. Gerin de la sienne. Elle l'avait porté dans son sein en secourant les confesseurs de la foi.

De ce mariage naquirent dix enfants, dont M. Gerin était l'aîné. Un frère, né en 1805, a été un prêtre exemplaire. Il est mort en 1870, curé de Saint-Laurent-de-Mure. Trois sœurs sont entrées en religion, dont une seule vit encore. Une quatrième sœur, non religieuse et non mariée, n'a pas quitté sa sainte mère et la modeste maison paternelle. Il ne reste plus que ces deux sœurs de toute la pieuse famille Gerin. Inutile d'ajouter que tous ont été dignes de leurs vénérables parents (1). La petite maison dont je viens de dire un mot n'a subi aucun changement. Elle est au milieu du village, et elle donne, comme ses voisines, d'un côté sur la rue principale, et de l'autre sur un petit jardin plantureux. La vallée du Rhône est sur ce point ouverte, belle, saine; le climat très-bon. Le haut dôme du Pilat fait face et domine toute la contrée.

---

(1) Trois sont morts en bas âges. Voir la Note I, à l'Appendice.

Le nombre de ses enfants croissant, le bon père Gerin songea sérieusement à se faire un aide de l'aîné. Il l'initia de bonne heure à son état, et, quand il lui eut appris ce qu'il savait, pour le rendre plus habile, il le plaça à Lyon, chez un maître-tailleur de ses amis et assez en vogue. Le jeune homme y resta longtemps. Ce maître-tailleur était fort bon, mais il avait des ouvriers détestables; en sorte que, l'atelier étant hors de son petit logement, ils purent éprouver à leur aise le dernier venu, ce qui ne cessa pas près de trois années durant. Sa douceur, ses prévenances envers tous, les petits services qu'il se plaisait à rendre à chacun en toute occasion : rien n'y fit. Du moment que sa piété fut connue, il devint, et de plus en plus, comme le jouet de ses compagnons, le plaisir de le tourmenter servant d'aiguillon à leurs conversations, à leurs plaisanteries, à leurs chants obscènes. Ils se vengaient ainsi, sans se lasser, de perdre leur temps avec lui.

M. Gerin n'avait pas tardé à supplier ses parents de le sortir de cet enfer, et ses instances redoublaient à chaque épreuve excessive. Ceux-ci écrivaient au maître-tailleur, qui tançait ses méchants ouvriers, mais ne pouvait guère être avec eux, ni séparer d'eux leur victime. Toujours plus satisfait du bon jeune homme, devenu bientôt le plus habile de ses ouvriers, il insistait toujours davantage auprès des parents pour qu'on le lui laissât, et chaque fois alors arrivaient des Roches de nouvelles recommandations de patience : parents et maître croyaient sans doute les tourments de ce pauvre jeune homme plus tolérables qu'ils n'étaient et qu'ils auraient un terme. Celui-ci, en attendant, offrait son martyre à Dieu, passant tous ses moments libres à Saint-Jean, sa paroisse, où à Fourvières; car, hors de l'atelier, jamais on ne le vit que là (1). Mais un soir, ses compagnons, sortis avec lui, le prennent, qui par les bras, qui par les jambes, et le portent dans une salle de danse et de quelles danses !... Sitôt dégagé, il s'enfuit et écrit cette fois à ses parents une lettre tellement pressante que le père accourt à la hâte (2).

---

(1) De pieuses paroissiennes de Saint-Jean, frappées de l'air de sainteté du jeune ouvrier tailleur, n'avaient su résister au désir de l'aborder. Il leur expliquait les tableaux de la métropole, leur rappelait ses grands souvenirs, leur parlait comme un ange.

(2) La mère n'avait pu quitter ses nombreux et jeunes enfants.

Il lui déclare qu'il ne peut plus vivre avec ses compagnons. Le père va au patron, que cette déclaration désole. Il promet de prendre enfin à tout prix d'autres dispositions et ne peut plus taire qu'il fait un tel cas du jeune homme, que tout son désir est de l'avoir bientôt pour associé et successeur, en lui donnant la main de sa fille unique. Le père ravi pérore son fils, qui avait bien tout compris... Quelle bonne fortune ! Il va être la ressource de sa famille si nombreuse et si gênée (1), et il est le fils le plus docile : il cédera donc.

Eh bien ! non, car Dieu lui a parlé au cœur... Mais comment le dire et être écouté ?... Il révèle à son père le secret qu'on va lire et dont on n'eût jamais rien su autrement.

« Une nuit, lui dit-il, après une journée d'indicibles tortures et après être allé pleurer à Saint-Jean, j'ai vu en songe un globe de feu descendre du Ciel et se poser sur ma poitrine, illuminant ma chambre... J'étais de nouveau à Saint-Jean avant le jour et je demandais à la Sainte-Vierge ce que cela signifiait.

(1) Il avait dès lors économisé dix louis sur son salaire.

2

Une voix m'a répondu : FAIS-TOI PRÊTRE, IL EST TEMPS !... Mon père, voilà pourquoi je vous supplie de me ramener avec vous aux Roches (1). »

---

(1) J'ai appris ce secret, en 1851, de M. l'abbé Richemont, alors curé de Saint-Laurent-du-Pont, en descendant avec lui de la Grande-Chartreuse. Longtemps auparavant, ce respectable ecclésiastique avait exercé le saint ministère auprès des Roches et beaucoup connu les parents de M. Gerin, qui lui avaient tout raconté. Il est mort en juillet 1876, curé-archiprêtre de Meyzieu, non sans avoir laissé à M. le vicaire général Orcel un récit de sa main, qui ne peut manquer de voir le jour.

Au surplus, je viens d'être plus amplement et plus sûrement encore informé à ce sujet, à Saint-Symphorien, ce qui me permet d'ajouter ici ce qui suit :

Au moment où la Sainte-Vierge parlait à M. Gerin, à Saint-Jean : aux Roches, une *lumière intérieure, qui le brûlait*, révélait aussi au père la volonté divine. Bien auparavant, plus d'une fois, au foyer, tandis que ce fils béni apprenait à coudre près de son père, il n'avait pu s'empêcher de lui dire : « Je veux être d'Eglise. »

Le globe de feu dont il vient d'être question rappelle celui qui, un jour, aux approches de la Pentecôte (1544), descendit du Ciel sur saint Philippe de Néri, en prière pour adorer le Saint-Esprit... Deux de ses côtes furent à ce moment écartées et recourbées, de façon à permettre à son cœur de se dilater.

C'en fut assez. On s'excuse auprès du maître-tailleur; on revient, en effet, aux Roches.

Le jeune homme, depuis l'appel qu'il avait entendu, était comme hors de lui. Le feu de l'amour divin l'embrasait. Il eût passé à travers les flammes pour *être d'Eglise*, et il parla d'aller à la Trappe, pour épargner de nouveaux sacrifices à ses pauvres parents. « Non, lui dit sa sainte mère, nous vendrons un champ. » Ils connaissaient M. Germain, confesseur de la foi et alors curé-archiprêtre à Roussillon, à deux lieues des Roches (1). Ils s'ouvrent à lui, et M. Germain les envoie à l'abbé Fréher, vicaire de Véranne, de l'autre côté du Rhône, à quatre lieues des Roches. Ce bon prêtre élevait au presbytère quelques enfants de son choix. Il accepte le nouvel élève, à condition qu'on lui apportera sa nourriture qu'il est hors d'état de fournir (2).

Au bout d'un an, M. Fréher est nommé curé de

---

(1) M. Cartellier a publié, en 1834, la vie de ce saint Prêtre. — 1 vol. in-12.

(2) Voir à l'Appendice, Note I, déjà citée, ce qui arriva un jour au père Gerin, portant un pain à son fils à Véranne.

Tarantaise, bien plus loin des Roches, derrière le Pilat. Ce déplacement, d'abord est onéreux; puis, le nouveau ministère est plus occupant. Mais déjà le jeune Gerin a fait d'étonnants progrès, au point que bientôt lui-même il supplée souvent le maître auprès des autres élèves. Bref, en moins de trois ans, il apprend passablement à cette école, et nourri Dieu sait comme, sa langue, le latin, la géographie, l'histoire. Sa *volonté d'acier* lui a fait surmonter tous les obstacles, à mesure qu'ils se sont accrus. Il est vrai qu'il est allé parfois la retremper à la Louvesc, dont sa sainte mère lui a appris le chemin dans son enfance, et où il a trouvé un puissant protecteur qui ne le perdra pas de vue. La seule date de son ordination future nous en fournira une preuve marquante (1).

Le moment vient ainsi où le charitable prêtre ramène le digne élève à ses bons parents, leur déclarant qu'il n'a plus rien à lui apprendre et qu'il faut l'envoyer au Séminaire du diocèse.

---

(1) C'est le 16 juin 1821 que M. Gerin a été fait prêtre ; c'est par décret du 16 juin 1856 qu'il a été nommé chevalier de la Lé-

On va de nouveau au vénérable M. Germain qui, après avoir examiné à fond le jeune homme, lui remet une chaude recommandation pour le Supérieur du Séminaire de Grenoble, M. l'abbé Bossard. M. Gerin part à pied, son petit paquet sous le bras. Il joint, chemin faisant, l'abbé Combalot qui, déjà tonsuré, rentrait au Séminaire, les vacances finies. On s'aborde, on se parle. Le jour finissant, on couche à Voreppe. C'était dans l'automne de 1818. L'étroite amitié qui a uni ces deux saints prêtres date de là. Elle a été si grande et si constante que nul, je crois, aussi bien que l'un d'eux, n'eût pu faire connaître l'autre. Je le savais, et ce fut pourquoi j'allai presser M. Combalot, lorsqu'il prêchait le carême à Saint-Nicolas-du-Chardonnet, en 1872, une année avant sa mort, d'écrire son témoignage. Il me répondit, comme l'a fait depuis M. le vicaire général Orcel, autre ami et témoin si important de M. Gerin : *Je n'ai pas le temps.* A moins donc que le Supérieur ne

---

gion d'honneur, seul de notre diocèse et en compagnie de feu Mgr Bertheaud, le saint Jean de nos Evêques.

s'en mêle, la mort surprendra M. Orcel (1), comme elle a surpris M. Combalot, et ensuite M. le chanoine

---

(1) M. Orcel est mort le 24 septembre 1878, à Voiron, en tournée d'office, et je crains bien que son incomparable humilité ne l'ait empêché de rien écrire sur M. Gerin. Le plus vif désir de M. Orcel a été d'être chartreux ; aussi fut-il peut-être le plus intime ami du R. P. Général dom Jean-Baptiste Mortaise. Ame de sacrifice, dès l'enfance, M. Orcel s'est toujours immolé à la volonté de Dieu.

Je lis dans sa *Vie*, par M. l'abbé Saillard, p. 45 :

« ... Il a avoué qu'instinctivement, lorsqu'il se trouvait en présence d'une personne, il était porté à la juger. « Je sais, ajou-» tait-il, que c'est un grave défaut; mais souvent, je ne puis » arrêter assez tôt mon esprit et l'empêcher de porter son juge-» ment. »

Me sera-t-il permis, dans cette note, de rappeler que, dans les rapports, nombreux et parfois délicats (à cause du Concordat, par exemple), du vicaire général avec le chef d'ordre, les deux Saints se tenaient tête, et qu'un jour, comme je parlais de son ami absent au Révérend Père, ce mot, accompagné d'un fin sourire, s'échappa de ses lèvres : « Oui, mais il a le nez un peu trop pointu, » mot d'intimité, je le répète, et involontaire aussi, qui m'a néanmoins porté à croire qu'un homme supérieur, habitué à régner, ne peut guère, quelque saint qu'il soit, rencontrer un pair sans un peu de surprise.

Mélin, que j'avais également pressé d'écrire ses souvenirs non moins précieux, mais qui non plus n'a rien écrit. Je relève ces faits comme excuse pour les témoins secondaires, qui me semblent par là, je le répète, d'autant plus obligés de suppléer eux-mêmes, autant qu'il se peut, les témoins principaux.

Revenons à l'envoyé de M. Germain. M. Bossard ne le trouve pas admissible et exige une année de plus d'études préliminaires. C'était demander l'impossible à la pauvre famille Gerin, après tous les sacrifices qu'elle avait faits pour son aîné, ses charges croissant de plus en plus avec l'âge des autres enfants. Mais le postulant ne perd pas courage. D'un petit cabinet qu'un charitable voisin du Séminaire, touché de sa peine, lui donne pour abri, il écrit une lettre désolée à M. Germain, qui récrit alors à M. Bossard et si fortement qu'un nouvel examen a lieu, et, Dieu merci, est jugé satisfaisant. Tout cela ne révèle-t-il pas dans le jeune homme cette forte volonté qui fait les Saints, et, de la part de la Providence, ces soins persistants qu'elle prend de ses privilégiés, tout en les éprouvant plus rudement que les autres hommes? Et que de rapports, dois-je ajouter, entre cette vocation si contrariée, en même temps que si manifeste, et celle du saint curé d'Ars!

Mais voici donc enfin le Séminaire ouvert à celui qui va être l'ange (c'est le mot de l'abbé Combalot), et il a le bonheur de suivre deux années le cours de théologie morale du séraphique abbé Dhière, sur lequel M. Rousselot a laissé une précieuse Notice, publiée par M. le chanoine Auvergne (1), et Dieu sait tous les fruits que portèrent en M. Gerin les leçons et les exemples d'un maître si éclairé et si intérieur. Le fait est qu'il se plaisait à en parler comme d'un maître incomparable et avec une vénération pareille à celle qu'il avait pour sa mère.

Les progrès de M. Gerin dans la science sacrée l'élevèrent bientôt et le maintinrent au premier rang des élèves de son année. Quant à la conduite, au caractère, à la bonté, au recueillement, il a été, je le répète, l'ange, le Saint du Séminaire. Il n'y a qu'une voix à cet égard. Au lieu de se promener dans la cour, aux récréations, et de discuter avec les plus

---

(1) A la suite de la *Vie de M. Rousselot*.

forts les points difficiles des leçons du moment, que de fois on le trouva aidant de son savoir un camarade attardé, ou au chevet d'un malade, ou mettant son talent de couture au service de quiconque avait un vêtement déchiré, cas fréquent, et tout cela avec une simplicité, une complaisance, une bonne grâce sans pareilles. Tous ces détails, je les tiens de l'abbé Combalot, et ils me semblent démontrer qu'il y avait dès lors en M. Gerin la charité d'un Saint.

Ce qui est notoire, officiel, c'est que M. Gerin a passé des ordres mineurs au sous-diaconat au bout de vingt jours, et guère plus de deux mois après au diaconat. Puis, il a été ordonné, je me plais à le redire, le jour même de la fête de son protecteur et patron spécial, saint Jean-François-Régis, le 16 juin 1821, à vingt-quatre ans et demi, lui qui avait commencé si tard ses études (1).

---

(1) A quel autel a-t-il dit sa première messe? Je viens seulement de l'apprendre : c'est dans la chapelle de Sainte-Marie-d'en-Haut, du quatrième monastère de la Visitation, fondé par saint François-de-Sales en 1619; où sainte Chantal entendit, au mo-

Quinze jours après, le 1er juillet 1821, M. Gerin était nommé vicaire à Saint-Symphorien-d'Ozon, à six lieues de sa famille, et, au bout de deux ans, le 1er avril 1823, à vingt-six ans, desservant de Feysin, à une lieue de Lyon.

Il trouva cette paroisse, qui compte aujourd'hui douze cents âmes, dans une situation déplorable. Le village est divisé en plusieurs hameaux sur la grande route de Marseille ou auprès, et le Rhône coule au voisinage. Les grandes villes gâtent les populations qui les touchent, et les grandes routes et les grands fleuves aussi. C'était surtout une population d'aubergistes, de charretiers et de mariniers. Bien peu de

---

ment de la mort du Saint (28 décembre 1622), à Lyon, une voix qui lui disait : *Il n'est plus ;* où furent enfermés nos religieux et nos prêtres avant d'être conduits aux pontons de l'Ile-d'Aix, et où est morte en odeur de sainteté, à vingt-cinq ans, *le* 21 *janvier* 1821, Mme Aloysa Jouve, nièce de la vaillante Mme Duchesne. Mme Aloysa est, si je ne me trompe, la première religieuse réputée Sainte de la sainte Congrégation du Sacré-Cœur, et toujours est-il que M. Gerin m'a dit avoir vu son corps, parfaitement sain, six mois après sa mort, quoiqu'elle fût morte de consomption.

monde venait à la messe le dimanche ; les jours ordinaires presque personne.

Il y avait à vingt minutes de la cure un collége dirigé par des prêtres Basiliens. Le jeune curé s'y rendait de très-grand matin. Il entendait là deux messes pour se préparer à la sienne, qu'il n'a jamais manqué par sa faute de dire à heure fixe dans son église. L'aller et le retour, on le pense bien, prolongeaient son oraison, et il la continuait après la messe, jusqu'à midi, heure de son maigre et rapide repas (1). Le reste du jour, il s'enfermait avec les livres que le voisinage de Lyon lui permettait de se procurer. Le chemin de la Croix et le chapelet coupaient seuls ces longues heures de saintes études. Ses paroissiens lui ont longtemps donné si peu de besogne, qu'il a alors travaillé plus que jamais. Il prêchait les dimanches et les fêtes, mais bien longtemps le petit nombre de ses auditeurs fit sa désolation. Lui, toujours si bon, et devenu si doux, si modéré, si maître de soi

---

(1) Il se privait de vin... Mgr de Bruillard, l'ayant su par bonheur, l'obligea à en reprendre l'usage.

et si prudent, malgré sa grande vivacité naturelle, il s'animait en chaire et on l'a entendu s'écrier : *Vous n'avez pas plus de religion que vos chevaux !*

Cependant quelques femmes ont remarqué le long et profond recueillement du jeune pasteur au pied de l'autel. On s'excite à aller le voir. La manière dont il disait la messe, vite, mais absorbé, a d'ailleurs toujours impressionné tous ceux qui l'ont vu dans cette auguste fonction. De cette curiosité et de cette impression, on passe au désir de lui parler en toute rencontre ; sa bonne grâce n'attire pas moins ; enfin, on va le trouver au confessionnal. Le nombre des pénitentes augmente ainsi peu à peu et bientôt elles le sont tout de bon sous un tel guide. Puis, on voit de beaux équipages de Lyon s'arrêter à la porte de la pauvre église. Le jeune curé allait parfois à la grande ville, soit pour se procurer quelques livres comme je l'ai déjà dit, soit pour monter à Fourvières et confier les amertumes de son ministère à Celle qui l'y avait appelé. Là, de pieuses dames l'ont remarqué aussi au milieu de tant de prêtres qui affluent dans cet illustre sanctuaire, et ce sont elles qui, lui ayant une fois parlé, ne veulent plus d'autre directeur et viennent se confesser à Feysin (1).

Tout cela fait enfin apprécier M. Gerin de ses ouailles. Qui peut d'ailleurs avoir quelques mots de lui sans être pour ainsi dire englué ? Quelques faits extraordinaires viennent par surcroît émouvoir les plus rebelles. Un matin, au bord d'un chemin, dans un bois, on le trouve lié par des cordes et pendu à un arbre. Il avait passé la nuit sur ce gibet. Quelques drôles, furieux de ce qu'il a ramené au bercail des jeunes filles égarées par eux, ayant su qu'il revenait tard de Vénissieux, village voisin où il aidait un confrère à donner une mission, l'ont attendu au passage et ainsi traité. La victime ne dit mot, mais l'indignation générale n'en devint que plus vive. La justice informée commence une enquête ; impossible toutefois de la poursuivre : on ne peut obtenir de M. Gerin le nom de ses bourreaux.

Ce supplice lui a pourtant laissé le reste de sa vie

---

(1) On se souvient de ce qui déjà lui était arrivé à Saint-Jean, quand il n'était encore qu'apprenti tailleur.

une torsion marquée dans la taille, et l'un de ses amis, un vénérable chanoine, qui en savait la cause, a bien eu la malice de me pousser à la lui demander, n'osant le faire lui-même. Je m'en suis gardé, l'humilité du Saint en eut trop souffert; mais je sais que d'autres ont été moins discrets.

Il y a eu à Feysin bien des faits extraordinaires. J'en citerai deux.

Le vicaire de Vénissieux venait s'y confesser, comme les pieuses dames de Lyon. Un jour, attendant à la porte de la pauvre petite chambre du jeune curé, par les fentes de la porte, il le voit en extase, au milieu d'une lumière éblouissante... Comment taire une pareille vision?

Une sœur de M. Gerin, Sophie, Mme Saint-Régis, avait été mise de bonne heure en pension chez les religieuses de Saint-Prin, tout près des Roches. La chapelle du couvent était humide et la place de la jeune fille touchait à la muraille. On faisait là de longues prières : une grave maladie s'ensuivit. Le tendre cœur de M. Gerin était ulcéré de ce malheur. Sa sœur était depuis un an au lit, et très-voûtée, la tête dans les épaules, comme bossue. M. Gerin veut absolument qu'on la lui amène et paye la voiture. On ne résiste pas aux Saints. Le trajet est pénible. Mais enfin la pauvre infirme assiste, de huit heures et demie à neuf heures, à la dernière messe d'une neuvaine à laquelle s'unissait le prince de Hohenloë, avec lequel M. Gerin était en grand rapport. La jeune fille a d'abord mal au cœur, puis viennent des frissons et, à l'élévation, sa taille craque : elle était guérie. Après la messe, au presbytère, son bon frère, pour s'en assurer, lui fait toucher les deux coudes derrière le dos, ce qui eût été absolument impossible une heure auparavant. Elle avait alors environ quinze ans. A vingt ans, ayant refusé de se marier, M. Gerin la fit recevoir à Corenc, où elle devint sœur Saint-Régis. Elle-même a bien voulu me raconter ce qui précède, à Saint-Symphorien, du lit qu'elle ne quitte guère depuis Noël, devant sa vénérable supérieure Mme Sainte-Chantal, le 3 mai 1878.

Il va presque sans dire que ce miracle, et bien d'autres qu'il a faits à Feysin, le thaumaturge ne manquait pas de les mettre sur le compte du prince de Hohenloë, comme le curé d'Ars attribuait tous les siens à sa chère petite sainte Philomène.

En voilà assez, je pense, pour faire comprendre la conversion de la paroisse de Feysin. On a résumé sa merveilleuse transformation, en disant que d'une paroisse de danseuses, M. Gerin a fait une paroisse de dévotes, et de la pire cure du diocèse une cure modèle et enviée.

Car s'il n'a eu, lui, qu'une très-petite et très-pauvre église, humide et lézardée, et un presbytère à l'avenant, une autre église, belle, grande, accolée à une cure et à une maison d'école, et admirablement située, n'a pas tardé à être bâtie après son départ. Evidemment il a fallu pour cela bien des dons généreux. Mais les riches visiteuses de Lyon ont comblé les vœux de leur pieux directeur. D'autres bienfaiteurs se sont joints à elles et à tous les paroissiens, et si les noms des donateurs ne sont inscrits nulle part, Dieu les sait tous. Le fait est que de toutes les hauteurs de la rive droite du Rhône, depuis Lyon jusqu'à Givors, la nouvelle église et sa flèche élevée, avec les deux belles maisons qui l'encadrent, sur la magnifique terrasse qu'elles couronnent, apparaissent comme un monument grandiose ; lequel rappelle ainsi au loin et rapellera durant des siècles le passage d'un Saint dans cette paroisse. Dès ce monde Dieu se plaît à donner la gloire à ceux qui n'ont voulu que la sienne.

Quant à la vieille église et au vieux presbytère, qui se cachaient au pied du haut talus de la belle terrasse dominée par la nouvelle église, il n'en reste rien. Le chemin de fer a rasé ces reliques. Seulement, à quelques pas de là, un peu plus bas, à une croisée de chemins, se dresse encore une croix de pierre, de 1680, que le Saint a saluée mille fois. Puisse-t-elle demeurer debout jusqu'à ce qu'un oratoire ou une chapelle soit érigée en ce lieu, en mémoire des huit ans qu'il a passés tout auprès et où il a tant prié et fait tant de bien!

Un tel début dans le saint ministère, on le conçoit, signala entre tous le jeune apôtre, surtout à son évêque, le vénérable Mgr de Bruillard. Aussi le nomma-t-il curé du canton à trente-quatre ans. A cette nouvelle les habitants de Feysin s'assemblent, la garde nationale en armes, cerne la cure et déclare au curé qu'il ne partira pas. La population tout entière, est là aussi et résolue. *Mes amis, si je n'obéis pas, je serai interdit, et vous n'aurez plus de curé.* Cette simple et douce parole calme à l'instant une véritable tempête.

Il y avait au canton, à Saint-Symphorien-d'Ozon, depuis le Concordat, un vieillard auquel son âge conseillait la retraite et qui eut le tort de ne pas assez le comprendre. De là une rude épreuve pour son jeune successeur, mais qui ne fit qu'accroître et briller sa vertu. Bref, il répondit si bien à l'attente de son évêque que, après quatre années seulement d'archiprêtrise, le curé de la cathédrale de Grenoble, le vénérable M. de la Grée, étant venu à mourir, Mgr de Bruillard, lui donna M. Gerin pour successeur, le 10 avril 1835 : il n'avait que trente-huit ans et n'en paraissait pas trente; ce qui fit dire agréablement à Monseigneur, en le voyant arriver : *j'ai cru appeler un vieillard à la direction de ma cathédrale et je lui donne un enfant.* Oui, mais un enfant qu'il savait passé maître.

L'importante paroisse de Notre-Dame de Grenoble est de beaucoup la plus considérable de la ville (1) :

---

(1) Cette ville, divisée aujourd'hui en six paroisses (une de plus que par le passé), a environ quarante mille âmes.

elle compte au moins douze mille âmes. M. Gerin l'a gouvernée jusqu'à sa mort, arrivée en 1863, c'est-à-dire vingt-huit ans. Pendant ces vingt-huit ans, il a été tellement tout à tous que, lui qui ne se plaignait jamais aurait dit : *Je suis comme la pierre roulée par le torrent !...* Pierre précieuse, en effet toute arrondie et polie. Appelé à soulager, à partager toutes les douleurs, il était toujours accueillant ; tendre et ardent, toujours doux ; presque sans cesse obsédé, et néanmoins toujours serein et toujours fidèle à un règlement sévère ; toujours pressé, toujours la montre en main, mais toujours calme ; expéditif en tout, comprenant son monde à demi mot et même à moins, en le pénétrant, et répondant, non par des phrases, mais par un mot, et un mot qui portait, qui calmait, qui éclairait, qui changeait les cœurs : au confessionnal surtout, il avait ce don à un point incroyable. Enfin il dormait peu et priait et agissait sans cesse, et priait toujours en agissant. Aussi que d'œuvres fondées ou relevées ou soutenues et rendues fécondes ! Que de sermons, d'instructions (le Père de Damas en a compté cinq cent quarante par année) ! Que d'heures passées au saint tribunal chaque jour et surtout à l'approche des fêtes! Que de visites aux malades, sans que les valides fussent jamais oubliés! Que de démarches, que d'inventions habiles pour ramener au bercail les brebis égarées! Rien que par les quelques citations que je ferai, on verra que M. Gerin n'a jamais cessé un moment d'être apôtre: par sa propre immolation continuelle, par sa charité sans borne, par chacune de ses paroles, par sa prévenance, par sa bonne grâce, par sa présence et sa justesse d'esprit, par son adresse et par sa gaieté même (1). Il a donc bien été vraiment le bon pasteur,

---

(1) Sentant l'insuffisance de ce que je viens de dire et mon impuissance à donner une juste idée de ce qu'était en M. Gerin ce que M. Hamon appelle le *don de piété pour le prochain*, qu'on me permette de placer ici un emprunt de quelque étendue :

« Comme tous les hommes sont les images et les enfants adoptifs de Dieu, les frères et les cohéritiers de Jésus-Christ, dit le vénérable curé de Saint-Sulpice, le don de piété met dans le cœur à leur égard un véritable amour fraternel, une inclination de bienveillance, une abondance de dilection et de douceur, qui est comme un rayon de la bonté de Dieu, une participation de sa charité, une émanation de sa miséricorde; d'où résultent envers

et parce qu'*il était en commerce continuel avec Dieu*, au dire du vénérable M. Orcel, il a fait sans doute à Grenoble, comme à Feyzin, tout le bien que Dieu voulait de lui.

---

tous une manière d'agir franche et gracieuse, un penchant à faire plaisir et à pardonner tous les torts; un visage toujours ouvert, une conversation toujours affable, qui se compose de paroles bonnes et aimables. On a la simplicité et la déférence d'un enfant pour les supérieurs, la cordialité d'un frère pour les égaux, des entrailles de compassion pour tous ceux qui souffrent, et une tendre inclination à les secourir. On s'afflige avec les affligés, on pleure avec ceux qui pleurent, on se réjouit avec ceux qui sont dans la joie. On supporte de bonne grâce les infirmités des faibles, les défauts des imparfaits; on se fait tout à tous en se montrant grave et retenu avec ceux qui le sont, prompt et fervent avec les esprits prompts et fervents, gai avec les humeurs gaies, sans sortir toutefois des bornes de la modestie, et l'on apporte jusque dans la pratique de la vertu, autant que la vertu le permet, les ménagements et les condescendances que demande le caractère de ceux avec qui l'on traite (*Méditations*, t. II, p. 188). »

En se peignant si bien lui-même, M. Hamon a peint M. Gerin. S'il l'eût connu et pris pour modèle, il n'eût pas eu à changer un iota à ce portrait.

Mais cet admirable apostolat, c'est à ceux qui y ont pris part ou qui en ont été constamment témoins d'en faire l'histoire, et non à un simple laïc, dépourvu de la science sacrée et trop souvent obligé de vivre loin du vénéré pasteur. L'ouvrage du R. P. de Damas (1) a donné l'exemple ; il a produit de précieux témoignages et mis en demeure les témoins retardataires ; mais il ne suffit pas, parce que l'auteur lui-même a trop peu connu M. Gerin. Par bonheur, le dernier premier vicaire du saint curé, son éloquent successeur, Mgr Cotton, travaille à l'œuvre que nous attendons et l'a beaucoup à cœur. Puisse Sa Grandeur, pour l'achever, trouver sur le siége de Valence le temps qui lui a manqué à Grenoble !

J'ai déjà dit que j'ai été souvent éloigné de M. Gerin ; j'ai eu pourtant le bonheur de l'accompagner dans bien des pèlerinages, outre celui d'Einsiedeln, et nommément dans les deux derniers qu'il a faits à la Salette, en septembre 1861 et 1862. La dernière fois,

---

(1) *Vie de M. l'abbé Gerin*, par le R. P. de Damas. In-12 de 272 pages. — Grenoble, Côte, 1870.

une mauvaise selle de bois le blessa grièvement et la blessure ne devait pas guérir. Le mal s'aggrava rapidement; les souffrances devinrent vives et continues. Le 9 novembre 1862, obligé alors de retourner à Paris, je dus le quitter; il me sembla voir le Christ en croix, lorsqu'il me dit : *Per multas tribulationes oportet nos intrare in regnum cœlorum* (1) !

Ce sont les dernières paroles que j'ai eues de ce saint homme. Ces douleurs ne firent que croître jusqu'à sa mort, arrivée le 13 février 1863 (2) ; mais la patience et la douceur du martyr furent invincibles. Son digne ami, M. le chanoine de Taxis, qui ne lui a survécu que dix-neuf mois, m'écrivit, le 20 février 1863, la lettre que voici :

« Il a quitté la terre, l'ami que nous aimions tant et qui faisait ici-bas toute notre joie, tout notre bonheur. Cet appui si fort, cette lumière si vive nous ont été enlevés. Un grand vide s'est fait autour de

---

(1) Act. 14-21.

(2) Jour de sainte Catherine de Ricci, dont le cœur fut rendu pareil à celui de la Sainte-Vierge.

nous et ce vide semble s'élargir de jour en jour. A mesure que le moment du départ s'éloigne, ma douleur s'augmente dans mon âme. Je le voudrais, je ne le trouve plus. Pour le trouver, il me faudrait monter au Ciel, près du trône de Notre-Dame de la Salette. Mais je suis encore si lourd, si peu digne de partager le bonheur dont il jouit! Ah! pendant vingt-quatre ans, j'ai partagé et ses joies et ses peines. Maintenant que m'arrivera-t-il? Une seule chose fait mon espoir, c'est que, peu d'instants avant de mourir, il a étendu et appuyé sa main sur ma tête, en me disant : *O amice! benedicat te Deus bonus et optimus!*

« Prions bien, maintenant, pour qu'une bonne inspiration vienne à Monseigneur en faveur de cette immense paroisse de la cathédrale et en faveur de toute la ville, car le curé de cette paroisse a ordinairement une grande influence sur toute la ville.

« Je n'ai pas le courage de vous écrire plus longuement... »

Deux choses me frappent dans cette mort : la grandeur et la durée des souffrances qui l'ont amenée, après une vie toute admirable, et ce qu'a dit, peu après avoir reçu la fatale nouvelle, une sainte religieuse à sa supérieure : « Il n'a fait que passer par le purgatoire. » Et pour révéler la valeur de cette parole, je vais reproduire la note que cette sainte supérieure a daigné me donner sur sa digne fille. C'est un diamant pour ce faible opuscule ; le voici :

« La vénérable Mère Victime-de-Jésus (Mlle Vallet), fondatrice du Carmel de la Tronche et morte en odeur de sainteté, le 1er juillet 1868, avait eu longtemps pour guide M. Gerin, et l'appréciation qu'elle faisait de son mérite était au-dessus de tout ce que l'on peut dire. Dieu seul connaît le nombre et la ferveur des prières et des supplications qu'elle lui adressa pour obtenir la guérison et la conservation du saint M. Gerin, comme elle se plaisait à le nommer. Avec la permission de sa Mère Prieure, elle offrit de grand cœur le sacrifice de sa vie pour conserver à notre ville ce pasteur vénéré. Toute la communauté partageait ses sentiments et cinq de ses sœurs sollicitèrent la grâce de s'offrir en victimes de concert avec elle. Mais il ne plut pas à Dieu d'agréer ce sacrifice, parce que l'heure de la récompense avait sonné. »

Seuls, ajouterai-je, les Saints peuvent s'apprécier. L'héroïque offrande de nos Carmélites révèle M. Gerin comme ne pourrait le faire un Bossuet, en même temps qu'elle les révèle elles-mêmes (1). Aussi, comment continuer à présent ce pâle écrit?.. Et il le faut pourtant, puisqu'il me reste beaucoup à dire de M. Gerin et qu'on veut tout savoir sur les Saints.

M. Gerin a donc passé par le purgatoire : je le crois, sur la parole de la très-pieuse Mère Victime-de-Jésus, quoique cela me fasse peur. Un vénérable Chartreux a bien osé me dire exactement la même chose de saint François-de-Sales, déclaré naguère docteur de l'Eglise!.. Mais je crois moins le saint Chartreux que la sainte Carmélite, ou avec encore plus d'effroi.

---

(1) Les mécréants diront peut-être que les Carmélites n'offrent ainsi leur vie, que parce qu'elle leur est à charge, dans leur prison perpétuelle : les malheureux, ils ne savent pas qu'elles sont toutes et toujours gaies! Celles de Compiègne, au nombre de seize — l'une des gloires de l'Eglise de France — chantaient le TE DEUM, en allant à la guillotine, le 17 juillet 1794. On les avait amenées de Compiègne à Paris, le 13. L'exécution, le martyre eut lieu à la barrière du Trône, où l'échafaud était en permanence. Leurs seize saints corps sont au cimetière de Picpus.

En tout cas, il semble permis de croire que l'expiation dont il s'agit aura été courte ; et toujours est-il qu'étant revenu à Grenoble, en août 1863, six mois après la mort de M. Gerin : dans ma désolation de ne plus le retrouver, je courus à son mausolée, à Saint-Roch, et que là, à peine agenouillé, ma profonde douleur fut changée irrésistiblement en joie. Pareille chose m'était arrivée précédemment sur la tombe du vénérable Chartreux cité tout à l'heure : je ne le nomme pas, les Chartreux veulent rester inconnus, même après leur mort (1). Je n'ai éprouvé en toute ma vie cet étonnant changement intérieur, dont le souvenir est ineffaçable, que dans ces deux circonstances ; je puis donc dire à Dieu, avec actions de grâces : *Convertisti planctum meum in gaudium mihi* (2) !

---

(1) C'est une tradition accréditée en Chartreuse, que l'un des religieux s'étant avisé de sortir, avec persistance, sa main de la terre qui le recouvrait déjà depuis longtemps, le Général, averti, lui commanda de la rentrer, et qu'il obéit sur-le-champ. Je tiens cela du Révérend Père Dom Jean-Baptiste.

(2) Ps., 29-12.

Mais pourquoi de si longues et si cruelles souffrances en M. Gerin? Ah! c'est que, d'abord, telle est la loi immuable pour l'homme déchu, et mon saint protecteur a voulu me l'apprendre par ces dernières paroles qu'il m'adressa de son lit de mort :

Per multas tribulationis oportet nos intrare in regnum cœlorum!

Et puis il a été si longtemps sur la croix et il y est mort, surtout pour nous qui ne savons pas souffrir, tout en achevant de mériter pour lui-même l'un des trônes promis aux apôtres :

(Fulgebunt) quasi stellæ in perpetuas æternitates (1)!

*
* *

Je ne saurais peindre le deuil, la consternation que cette mort a produits. Pour en avoir une idée, il faut lire ce qu'un laïc bien regretté, M. Fissont, a publié sur le moment dans le *Courrier de l'Isère*

---

(1) Dan., 12-3.

des 14 et 17 février 1863 et dans un article de quelques pages intitulé : *Sa vie.* Je rappellerai seulement ici que force fut de laisser trois jours durant le corps du saint curé exposé à la vénération publique, et que, sans les mesures prises bien juste à temps, le plancher de la chambre mortuaire s'effondrait sous le poids des visiteurs ; enfin, qu'aux obsèques, les portes de la ville furent trop étroites pour permettre à toute la foule immense des assistants d'arriver jusqu'au cimetière. De tels hommages, une telle explosion de la douleur de tout un peuple, des grands, des riches, de la classe moyenne, de même que de la multitude des pauvres, sont mémorables, et l'Eglise en tient compte quand l'un quelconque de ses enfants, fût-il prêtre, comme MM. Gerin et Vianney, ou humble mendiant comme le bienheureux Joseph Labre, en a été l'objet et qu'elle croit devoir examiner sa vie. C'est le cas, presque unique, où la voix du peuple est la voix de Dieu :

Vox populi, vox Dei.

Voici, au surplus, les inscriptions que l'Ordinaire a fait graver sur le monument érigé au bon pasteur par la reconnaissance des paroissiens de Notre-Dame, et qui renferme ses restes vénérés :

D. O. M.
IN SPE BEATÆ RESURECTIONIS HIC QUIESCIT
JOANES GERIN
NATUS IDIBUS DECEMBRIS 1797 CONDRIACI A RUPIBUS
PER ANNOS 28 IN ECCLESIA CATHED. GRATIONOP.
PASTORALI MUNERE FUNCTUS,
QUI, JAMDUDUM SIBI PLANE MORTUUS,
DEO AC PROXIMO UNICE VIVENS,
PIE OBDORMIVIT IN D^{no}.
IDIBUS FEBRUARI 1863
R. I. P.

—

HIC EST QUI MULTUM ORAT PRO POPULO.

—

OCULUS FUI CÆCO ET PES CLAUDO,
PATER ERAM PAUPERUM.

—

OMNIBUS OMNIA FACTUS SUM,
UT OMNES FACEREM SALVOS.

—

ERAT POTENS IN VERBIS ET IN OPERIBUS SUIS.

—

ET FLEVERUNT EUM OMNIS POPULUS
PLANCTU MAGNO, ET LUGEBANT DIES MULTOS.

Ce coup d'œil d'ensemble jeté sur la vie de M. Gerin, m'a paru devoir précéder les particularités que je vais rapporter sous divers titres.

CHAPITRE II.

Pèlerinages.

M. Gerin a toujours eu la dévotion la plus vive pour les pèlerinages et bien souvent je l'ai entendu les recommander. Quelle joie ne doivent donc pas lui donner dans le Ciel, tous ceux qui se font à présent ! En 1854, il était allé seize fois à la Louvesc. C'est par ce pèlerinage, je l'ai déjà dit, que sa vénérable mère l'a fait débuter et qu'il a pris goût à en faire ; car c'est à la Louvesc qu'il a eu le premier pressentiment et la confirmation de sa haute vocation. Saint Jean-François-Régis, dont il portait un nom et qu'il rappelle à beaucoup d'égards, suivant la remarque du R. P. de Damas, était son patron et protecteur spécial, et l'on peut dire manifeste; puisqu'il a été providentiellement ordonné le jour de la fête de ce grand

Saint, et que c'est sur son tombeau, à son autel de la Louvesc, qu'il a obtenu la guérison instantannée de sa chère sœur Marie-de-Sainte-Philomène, ainsi que je le dirai plus loin avec détail. Aussi, comme il se plaisait à en parler et comme il en parlait! C'était, après saint Paul, son Saint de prédilection.

Mais un pèlerinage que M. Gerin a fait encore bien plus souvent que celui de la Louvesc, parce qu'il a été longtemps bien plus à sa portée, c'est celui de Fourvières. Ça été, du moins jusqu'à l'Apparition de la Salette, son plus cher pèlerinage. C'est là qu'il allait sans cesse pour se fortifier durant sa rude et longue épreuve de Lyon, et puis pour obtenir la difficile conversion de ses ouailles de Feysin ; et c'est là que, plus tard, la Sainte-Vierge lui a fait recevoir la nouvelle de la guérison miraculeuse dont je dois rendre compte.

J'ai dit que j'avais eu le bonheur d'accompagner M. Gerin, en septembre 1844, à Notre-Dame des Ermites, et cherché à donner quelque idée des délices qu'il y goûta. Je n'ai rien à ajouter à ce récit.

Deux ans après, en 1846, il alla à Lorette, et l'on verra tout à l'heure que la Sainte-Vierge s'y surpassa, pour ainsi dire, en faveur de son privilégié. Parlons d'abord de deux autres pèlerinages.

I. — Pèlerinage du Laus et de la Louvesc.

Le 14 octobre 1844, un mois après la fête que nous avions passée ensemble à Einsiedeln, j'allai prendre M. Gerin, après son dîner, pour l'accompagner au Bon-Pasteur, à une demi-lieue de Grenoble. Chemin faisant, il me raconta la guérison de sa bien-aimée sœur Cécile (en religion Marie-de-Sainte-Philomène), guérison dont il avait eu la bonté de m'envoyer le récit fait par la miraculée et imprimé vers la fin de 1842 (1).

M. Gerin aimait singulièrement cette sœur cadette,

---

(1) *Guérison extraordinaire obtenue par l'intercession de la Sainte-Vierge et de saint François-Régis, dans la communauté des sœurs religieuses de la Providence, à Corenc, près Grenoble, le 20 octobre 1842.* Brochure in-8° de 23 pages.

qui ressemblait à la Sainte-Vierge, comme nous le verrons ailleurs. Dans l'état désespéré où elle fut longtemps, elle le préoccupait sans cesse. Il fit d'abord pour elle, en septembre 1842, un pèlerinage à Notre-Dame du Laus.

Or, en approchant de ce lieu béni, le long d'un pré, M. Gerin sent tout à coup une odeur délicieuse. Pensant qu'elle vient de la prairie voisine, il ne fait pas arrêter sa voiture. Mais, arrivé au couvent, comme il le visitait avec d'autres pèlerins, sous la conduite de l'un des missionnaires, voici que, dans leur oratoire, qui a des fenêtres sur le chœur de l'église, la même odeur l'enveloppe de nouveau !... Tout en l'attribuant encore aux fleurs des champs d'alentour, il va pourtant à l'une des fenêtres, qui était ouverte, pour savoir à quoi s'en tenir ; et ne voyant que le sanctuaire, il comprend alors son bonheur !... Il eut certes bien voulu le goûter à loisir, en laissant aller ses compagnons ; mais, craignant de se singulariser et de leur révéler la grâce dont il était seul l'objet, il les suit à contre cœur, et l'odeur cesse aussitôt ! De là le vif regret qui lui resta et le pressa d'interroger l'un des missionnaires, duquel il apprit que cette suave odeur de paradis s'était fait sentir mainte fois ; qu'elle avait précédé et accompagné les apparitions innombrables de la Sainte-Vierge à sœur Benoîte; que certaines personnes l'avaient sentie à un premier pèlerinage, et qu'elle passait pour être l'annonce de grandes faveurs. Pour plus ample informé, le missionnaire remit à M. Gerin un vieux livre où il vit, entre autres choses, que cette odeur céleste était pour ainsi dire attachée à la sainte fondatrice du pèlerinage et imprégnait même ses vêtements.

De retour à Grenoble, M. Gerin porta de l'huile de la lampe de Notre-Dame du Laus à sa chère sœur, et la retrouvant au plus mal, il partit de rechef pour la Louvesc, afin d'y faire une neuvaine à son intention. Il visita sur son chemin madame de ***, qui, par ses instances et grâce au mauvais temps, parvint à le retenir plusieurs jours, presque malgré lui. Impatient d'implorer son grand protecteur, il reprit sa route à la première éclaircie, et arriva à l'église du Saint vers six heures du soir, le vendredi 13 octobre 1842, fête de saint Gérauld. Il pria jusqu'à sept heures avec une ferveur indicible, et *vit le Saint tel* *qu'il est, sans le voir des yeux du corps :* ce sont ses propres paroles. Dans cette heure de prière, il commença sa neuvaine, contre son habitude, qui l'eut fait attendre au lendemain; et, autre circonstance qu'il m'a rapportée aussi, il fit d'inspiration les mêmes prières que faisait sa sœur en même temps, quoiqu'il n'y eut rien eu de convenu entre eux sur ce point. En se retrouvant ensuite et se rendant compte de leur neuvaine, cette coïncidence d'inspiration les frappa.

A sept heures du soir, un frère vint fermer l'église et il en fallut sortir. On sait que les Jésuites sont dans l'usage de clore ainsi de bonne heure les églises qu'ils desservent.

Le lendemain, M. Gerin eut *des heures de larmes* et fut inondé de grâces extraordinaires, sans qu'elles lui donnassent le pressentiment de la guérison de sa sœur. Il n'a pas voulu m'en dire d'avantage sur sa neuvaine, passant vite au jour du départ, où il descendit à Annonay et y prit, à cinq heures du soir, la voiture de Lyon.

Je dois ajouter qu'en descendant à pied de la Louvesc à Annonay, en compagnie de son frère et de M. Chaluau, son vicaire, il vit ces messieurs, en ce moment un peu séparés de lui, échanger quelques mots avec une sœur de Corenc, qui montait à la Louvesc ; et de là bien vite, en les rejoignant, cette question : *Ma sœur est morte, n'est-ce pas ?.. Dites-le moi ? — Non, la sœur *** l'a laissée dans le même état :* telle fut la réponse.

Mais tout en arrivant à Fourvières, M. Gerin y trouve une lettre qui lui annonce la guérison si ardemment sollicitée et lui en dit le moment, qui correspondait pour lui à de vifs souvenirs !.. ce que je compris bien, sans qu'il s'expliquât à mon gré.

Après avoir rendu grâces à sa Madone bien-aimée, qui avait voulu, je le répète, que la bonne nouvelle lui arrivât à son sanctuaire, M. Gerin revint en toute hâte à Grenoble et monta à Corenc, où il trouva en effet sa bonne sœur sur pied et tout à fait guérie. Ils se font part de tout ce qui leur est arrivé, de tout ce qu'ils ont fait pendant la neuvaine, et avec larmes de la manière dont le miracle a eu lieu. Bref, sa sœur raconte qu'on lui a fait prendre le 20 octobre, une cuillerée de lait avec de la poussière du tombeau de saint François-Régis (1) et que la guérison a eu lieu subitement ce même jour, vers le soir, au moment où la Mère Supérieure faisait le signe de la croix sur la moribonde avec de l'huile de Notre-Dame du Laus.

La pleine guérison a persisté pendant trois mois. Puis, une autre maladie est survenue et a enlevé la miraculée le 22 novembre 1843 (jour de sainte Cécile, qui lui avait été donnée pour patronne au baptême), c'est-à-dire treize mois après la guérison instantanée du 20 octobre 1842. M. Gerin, sur sa demande, la

---

(1) Je me permets de reproduire ici le passage suivant de la brochure publiée par M. Gerin et déjà citée :

« ... Je m'entretins ensuite intérieurement avec le Saint, dit la sœur : *Grand Saint! priez la Sainte-Vierge qu'elle me guérisse! Vous savez combien tous mes parents vous aiment, et combien mon bon frère sera content si vous vous intéressez à ma guérison; d'ailleurs, vous n'avez pas oublié que l'on m'a vouée à vous le beau jour de votre fête* (je m'étais trouvée très-mal ce jour-là). *Vous avez gueri ma mère, mes sœurs, vous pouvez bien faire* CELA *en ma faveur. Faites voir, ô mon Dieu? que vous opérez de grandes choses avec des riens.* » Car, qu'était-ce, en effet, que quelques grains de terre? »

confessa et lui donna l'extrême-onction ce jour-là, sans croire à un danger pressant. Elle était gaie, elle le fit causer sur leurs bons parents et lui recommanda de se ménager quand il la quitta. L'aumônier du couvent accompagna M. Gerin, lui donnant l'espoir d'une nouvelle guérison; mais il répondit par un trait de la vie de saint Brice, disciple de saint Martin, montrant qu'il n'espérait pas un second miracle.

Après m'avoir rapporté ces détails que je viens de copier sur mon journal, M. Gerin appuya sur ce que l'Evangile ne parle pas de la durée des guérisons miraculeuses, et il me cita celle du médecin juif de saint Basile, qui ne dura que juste le temps nécessaire à l'abjuration du converti.

Puis, M. Gerin revint avec moi, au vif regret qui lui restait de n'avoir pas laissé aller au Laus ses compagnons, lorsque l'odeur céleste l'avait investi. *Quand Dieu vient à nous*, me disait-il avec douleur, *il faut oublier les hommes! Si j'avais fait cela, j'aurais conservé ma sœur plus longtemps.* J'eus beau lui répondre qu'il n'avait agi que par humilité et nullement par respect humain. Il était inconsolable.

Que ne savais-je alors que la Bienheureuse Marguerite-Marie voulait bien planter là Notre-Seigneur pour courir empêcher ses ânes de brouter au jardin potager de l'enclos de son couvent!... Ce qu'elle eût fait à la vérité par obéissance, au lieu que M. Gerin agit par humilité.

II. — Pèlerinage de Lorette.

M. Gerin a fait son premier pèlerinage à Rome en 1846, à l'avénement de Pie IX. Il ne manqua pas de revenir par Lorette, non sans raisons, on va le voir.

Le 25 mars 1847, me trouvant avec lui et causant d'une dame de grande piété, il eut la bonté de me confier ce qui suit, avec permission de le redire à cette dame, mais sans le nommer.

Il voulait faire, au commencement de 1846, en une quinzaine de jours, avec son frère l'abbé, un pèlerinage au tombeau de saint Charles, à Milan. Le projet était arrêté, restait à trouver le moment propice. Il ne songeait encore aucunement à aller plus loin.

Mais une nuit, en songe, il se croit en route, à pied, et arrive à un embranchement où il ne sait quelle direction suivre. Par bonheur, *un vieillard vénérable, une femme mise simplement, à la manière des femmes du peuple les plus relevées, et un enfant viennent à sa rencontre.* Il les prie de le tirer d'embarras. La femme lui dit, avec une bonté et une bonne grâce sans pareilles, de prendre à droite. Le vieillard se tut. Ce bon vieillard était devant le pèlerin, la femme à gauche et l'enfant au milieu. Une jolie petite maison se voyait tout près. Le site, accidenté et paré d'une végétation magnifique, était ravissant. M. Gerin, qui avait remarqué tout cela avec complaisance et qui sûrement n'était pas pressé de quitter l'obligeante famille, eut la hardiesse (c'est son mot, avec à peu près tout son récit, car je l'ai noté sur-le-champ et je ne fais que copier, je le répète), eut la hardiesse de demander encore à la femme si la jolie petite maison était à elle, à quoi elle répondit affirmativement. Et sur cela on se séparait en se saluant, après un vif remerciement de la part du pèlerin, lorsque l'enfant lui mit gracieusement dans les mains une poignée des rameaux verts de ces beaux arbres qu'il venait d'admirer. Le songe finit là.

Quelques mois après, l'avénement de Pie IX décide M. Gerin au pèlerinage de Rome, qu'il n'avait jamais fait, tout en l'ayant toujours eu beaucoup à cœur. Il va par mer et revient par Lorette et Milan. Or, à la sortie de Foligno, il reconnaît tout à coup l'embranchement de routes et le riant paysage qu'il a vus en songe !... Le site en effet est ravissant, mamelonné et ombragé de vignes et d'oliviers magnifiques, sous un ciel splendide, et l'on sait que le chemin de droite mène à Tolentino et à Lorette, et celui de gauche à Assise, qu'on aperçoit même au loin sur la pente tournée au couchant d'une belle petite chaîne de montagnes.

La confidence qui m'était faite fut interrompue là fortuitement et mon journal avec elle. Mais, une autre fois, venant de donner une instruction aux dames Carmélites de la Tronche et de leur parler de la faiblesse du démon en présence des âmes fermes, M. Gerin reprit le récit précédent à peu près au point où il vient d'être laissé, et la révérende Mère Prieure m'a fait l'honneur de me confier cette suite, qui m'a été du reste confirmée plus tard directement en plus d'une occasion. Je demande pardon au lecteur de rappeler toutes ces petites circonstances, parce qu'elles m'aident moi-même à être plus fidèle rapporteur, ce que j'ai uniquement à cœur.

Donc, M. Gerin a dépassé le lieu de la bienheureuse rencontre ; il arrive à Tolentino et court au tombeau de saint Nicolas. Dans sa prière, le Saint lui annonce l'accueil qui l'attend à Lorette !... Le ravissement du pèlerin redouble ; ses compagnons de voyage ne se doutent de rien. Mais le démon, plus avisé et furieux, l'attend aux rudes descentes qui aboutissent à Lorette. Le cheval s'emporte, la voiture verse, on se croit perdu. Au fait, M. Gerin est blessé à la tête et ses compagnons en sont à peu près quittes pour la peur. Après un petit retard, on arrive enfin ; tous volent au sanctuaire en riant du coup manqué du maudit. Sitôt entré, M. Gerin va droit à la *Santa-Casa*, et, à ce moment, une dame d'une incomparable beauté vient à lui avec l'enfant Jésus et saint Joseph ; ils le conduisent, *avec une grande joie, sans toucher terre*, à la porte de la *Santa-*

Casa et disparaissent !... Le songe et l'annonce de saint Nicolas s'étaient réalisés.

M. Gerin resta en prière jusqu'à la nuit et Dieu sait dans quelle extase. Il fallut pourtant sortir, et, rentré à son hôtel, dans sa chambre, avant de se mettre au lit, il veut voir à la glace la blessure qui saignait quelques heures auparavant : il n'en restait pas trace !... Jamais je n'oublierai la joie angélique et l'humilité avec lesquelles il m'a pareillement raconté ces détails. Autant il avait été bref et rapide dans le récit préludant à la confusion du démon, autant arrivé là il s'épanouit à cœur joie. Ce souvenir le faisait rire vraiment comme un bienheureux, et sans doute il trouvait bon de nous apprendre ainsi à mépriser satan. On se rappelle que le curé d'Ars, de son côté, et par le même motif sûrement, parlait aussi volontiers et riait anssi comme un bienheureux de ses affaires de toute sorte avec le *Grappin;* rudes assauts dont le bruit du reste bien des fois se faisait entendre au dehors du presbytère.

III. — Pèlerinage de la Grande-Chartreuse.

J'ai eu le bonheur d'aller à la Grande-Chartreuse avec M. Gerin, par le Sappey, le Col et les forêts de Portes. Le R. P. Dom Jean-Baptiste nous avait envoyé ses meilleurs mulets. C'était en avril 1852, avant l'ouverture de la grande route de la gorge du Guiers-Mort et le service des voitures actuelles, progrès qui a transformé l'un des plus beaux pèlerinages du monde, en un voyage à la mode et à grande vitesse... Partis de Grenoble dans l'après-midi, nous couchâmes au presbytère du Sappey et nous arrivâmes le lendemain de bonne heure au couvent, où je vis à souhait la joie de deux Saints de se retrouver ensemble, vraie joie du Ciel que je vis en effet. Le surlendemain nous descendîmes par Saint-Laurent-du-Pont, longtemps accompagnés, à pied, par le Révérend Père. Or, ma propre joie d'être encore en telle compagnie m'enhardit au point de me faire dire je ne sais plus quel propos que M. Gerin releva avec beaucoup trop d'indulgence, en me répondant vivement : *Il faut que vous deveniez prêtre, vous! — Je le veux bien, monsieur le Curé, pourvu que vous consentiez à m'ordonner !* Cette réplique, prompte aussi et vraiment cruelle, confondit le saint homme qui, tout rouge et faisant pitié répartit, après s'être un peu remis : *Si j'avais su, je ne vous aurais pas dit ça* : Petite scène que je me permets de rappeler parce qu'elle amusa le Révérend Père. Il me semble voir encore son malin sourire et l'indicible torture de son ami, qu'il prolongea comme à plaisir par son silence. On sait que M. Gerin a refusé deux fois d'être évêque (1). Un ordre formel de Rome eût seul pu l'arracher à son cher troupeau de Notre-Dame de Grenoble, qui, à un autre âge de l'Eglise, l'eût contraint de succéder au vénérable Evêque auquel nous le devions.

(I) Il n'a jamais voulu qu'on fît son portrait. On n'a pu le photographier que mort (après cinq mois de souffrances).

IV. — Pèlerinage de Notre-Dame de la Salette.

M. Gerin a été des premiers croyants à l'Apparition de la Salette, avec le curé de Corps, M. Mélin, son ancien premier vicaire à Grenoble, et son ami. Quelques semaines après ce grand événement, le 26 octobre 1846, il me l'apprenait à Rome, où j'étais alors et où sa lettre, communiquée au R. P. de Villefort, en donna la première nouvelle. On trouvera, chapitre VI, un extrait de cette lettre.

J'ai dit que M. Gerin, en 1854, avait fait seize fois le pèlerinage de la Louvesc. Il a fait, je crois, celui de la Salette tous les ans, à l'anniversaire de l'Apparition, de 1847 à 1862, c'est-à-dire aussi seize fois où à peu près. Il a officié ce jour-là sur la sainte Montagne de 1847 à 1854, je crois tous les ans, remplaçant Mgr de Bruillard à qui son grand âge ne permettait guère de monter si haut et par les chemins de cette époque (1). En 1855 et 1856, le nouvel évêque, Mgr Ginoulhiac officia lui-même et fit le sermon de la fête. La seconde fois, le 19 septembre 1856, il constitua même expressément, dans les termes les plus pressants, apôtres du Fait de la Salette, tous ses nombreux auditeurs. M. Gerin, depuis lors, s'effaçant, n'officiait plus que rarement sur la sainte Montagne. Mais il n'a presque jamais manqué de prêcher la veille de la fête, de dix heures à minuit, sur les traces mêmes de la Sainte-Vierge, le chemin de la Croix, avec une éloquence, une oction, une compassion inouïes. Jamais on n'oubliera les larmes qu'il faisait couler de tous les yeux, bien qu'on n'ait jamais recueilli, que je sache, ni guère pu recueillir, ses incomparables improvisations (2).

---

(1) Sa Grandeur y est pourtant montée en litière vers la fin de mai 1852, c'est-à-dire l'année d'avant sa démission.

(2) Qu'on se figure une foule compacte de quelques milliers de pèlerins, par un temps calme, serein, au milieu de la nuit, à la lueur de la lune et des cierges, sur ces sommets si déserts et si imposants des grandes Alpes. Le sol, où quatorze croix marquent

C'est même cette prédication qui m'a le plus donné quelque idée des lumières et des grâces dont il était comblé sur la sainte Montagne. Les seules particularités que je puisse citer, quoique je l'y aie accompagné bien des fois, c'est qu'il n'a pas craint, tout en arrivant à la fontaine miraculeuse et tout ruisselant de sueur, de boire à longs traits cette eau glacée, et qu'il se plaisait ensuite à convenir que de l'eau ordinaire eût été infailliblement pour lui de l'arsenic. Son habitude de finir la journée, à moins de graves empêchements, à la Petite-Salette de Grenoble, révèle bien aussi toute sa foi à l'Apparition. Je puis du reste affirmer qu'il m'a dit *que Notre-Dame de la Sa-*

---

les traces mêmes de la Sainte-Vierge, est rampant. Avide d'entendre le prédicateur inspiré, cette multitude l'enveloppe, elle se serre autour de lui, elle le suit à l'envi, de plus en plus émue et haletante à mesure que les scènes de la passion se déroulent... Mais qui la peindra au moment où, aux coups de marteaux qui clouent à la croix l'auguste Victime, le Saint, tout en larmes et d'une voix déchirante, s'écria : « Bourreaux !.. sa Mère, sa pauvre Mère est là ? »

lette faisait ses délices et qu'il pensait moins à Lorette, depuis notre célèbre Apparition : quel aveu !

Je cherchais à rappeler tout à l'heure combien était émouvant le chemin de croix prêché par M. Gerin, sur les traces de la Sainte-Vierge, et l'on a pu comprendre la difficulté de reproduire de telles improvisations, inspirées et sans règle, et les cris et les sanglots qui s'y mêlaient et abondaient par moments. Le 19 septembre 1851, jour où il fit le sermon de la fête, à la grand'messe, j'ai pourtant pris à tâche de tenter de le suivre avec mon crayon, et je donne, à la fin du chapitre des instructions, cette informe relation, sans pouvoir assez dire son insuffisance. Que le mécompte du lecteur ne tombe donc que sur l'infidélité de l'écho. Dans sa cinquième lettre à une amie (1), Mlle des Brulais a bien mieux saisi quelques traits d'une allocution de M. Gerin à la grand'messe du 19 septembre 1849. Je renvoie le lecteur à cet écho beaucoup plus fidèle.

---

(1) *Echo de la sainte Montagne*, p. 196 à 198.

CHAPITRE III.

Direction. — Avis de Spiritualité.

M. Gerin a passé une grande partie de sa vie *entre les quatre planches d'un confessionnal* (1), et c'est là surtout ce qui l'a abrégée. Sa bonne constitution la promettait bien plus longue qu'elle n'a été. Malgré mes absences répétées de Grenoble, je suis de ceux qui se sont le plus adressés à lui et je ne saurais néanmoins donner une idée de son habileté, de sa pénétration, de sa puissance comme directeur spirituel. Mais parmi les âmes d'élite qu'il a guidées dans le siècle et dans les couvents, il doit bien s'en trou-

(1) Il appelait aussi le confessionnal *un tonneau d'huile bouillante.*

ver qui s'acquitteront envers sa mémoire sous ce rapport et feront ainsi profiter d'autres âmes des progrès qu'elles lui doivent. M. Gerin a d'ailleurs écrit bien des lettres de direction, dont quelques-unes ont été remises à son éminent successeur, aujourd'hui évêque de Valence. Mgr Cotton doit les insérer dans la vie complète de M. Gerin qu'il nous a promise et qu'il aura plus le temps d'achever, maintenant, nous l'espérons, que dans la cure de Notre-Dame de Grenoble. Sa Grandeur a bien voulu me lire en partie ces lettres, qui m'ont paru rappeler singulièrement celles de saint François-de-Sales, et rien, je crois, ne fera connaître aussi à fond M. Gerin.

Ces précieuses lettres devant donc voir le jour, ma tâche se trouve heureusement réduite d'autant. Toutefois, comment taire ici que ce saint directeur discourait le moins possible au confessionnal, et qu'il savait même rendre brefs ses pénitents les plus expansifs? Il en avait tant, du reste, qu'il y avait à cela nécessité. Mais il faisait mieux : il avait le don, en effet, de les deviner, de les éclairer, de les toucher, de les convertir par des mots; mots que plusieurs ont souvent cherché à noter sans guère y réussir, que je sache. Ces mots inspirés lui venaient subitement, seuls ou avec quelques avis ordinaires, toujours courts pourtant et donnés tout à la fois avec feu et avec tendresse. Je vais, tant bien que mal, rapporter quelques-uns de ces avis de M. Gerin, copiés dans mon journal, sans retouche, pour en moins altérer la vertu.

1. « Qui n'est que juste est dur,
» Qui n'est que sage est triste,
» Seul le miséricordieux convertit. »

Encore n'ai-je retenu que le sens du dernier verset et non le texte. Ne sachant, dans mon ignorance, d'où sont tirées ces sentences, je ne puis rectifier la lettre de la troisième (1).

2. « Ne pas céder au démon, un regard, rien, rien. jamais ! »

3. « Pas de salut sans le *pactum cum oculis*, et sans brusquer avec la mauvaise curiosité : on s'en sait gré aussitôt. »

---

(1) Je sais seulement que saint Bernard a dit : *Sola caritas convertit animas.* Ep. IIe.

4. « Celui qui est toujours maître de ses regards, est comme une colonne auprès du démon. »

5. « Faites semblant de ne pas voir la plupart des choses qui vous *épinglent.* »

6. « Il faut faire pour les mauvaises pensées, d'impureté, de rancune, de vengeance, d'avarice, comme pour les charbons ardents quand il en tombe sur les mains. »

7. « *Carnem crucifixerunt cum omnibus vitiis suit* (1). »

8. « *Seca ne urer* (2). »

9. « On saute par la fenêtre, plutôt que de brûler dans la maison. »

10. « Il faut faire mourir le vieil homme, l'achever à tout prix. »

---

(1) *Qui autem sunt Christi, carnem suam crucifixerunt cum vitiis et concupiscentiis.* Gal. 5-24.

Or, ceux qui sont au Christ ont crucifié leur chair avec ses vices et ses convoitises.

(2) Coupe pour ne pas brûler.

Hic ure. hic seca, modo in æternum pereas. S. Aug.

11. « Quand une crue fait brèche à la digue du torrent, combien vite on la bouche ! »

12. « Avec Notre-Seigneur, on peut marcher sur l'aspic et le basilic. »

13. « *Vince in bono malum* (1). » (Rom., 12-21.)

14. « *Prudentia carnis, mors est ; prudentia spiritus, vita* (2). » (Rom., 8-6.)

15. « Oh ! la belle occupation de garder son âme ! Faire cela dans le monde, quand on y doit rester, c'est plus beau que d'être au couvent. »

16. « Nous n'avons à nous que le moment présent : combien donc il importe de le bien employer ! »

17. « Si vous ne pouvez pas mettre gros comme un œuf dans la balance, au moins mettez-y un petit grain. Le bon Dieu se contente de tout. »

18. « Les personnes qui ne vivent pas de la reli-

---

(1) Triomphe du mal par le bien.

(2) La prudence de la chair est mort ; la prudence de l'esprit est vie.

gion, n'ont que la raison pour apprécier leurs devoirs : Or, elle ne suffit pas, et voilà pourquoi ces personnes nous offensent. Mais viennent-elles à s'apercevoir que nous avons enduré leurs procédés avec une patience qu'elles n'auraient pas eue, cela les touche. Le bon Dieu permet leurs torts ; il a ses desseins, de pénitence pour nous, de conversion pour notre prochain. Prenons-y garde !... Les plus difficiles victoires sur les âmes s'obtiennent par ces actes de patience, de support, c'est-à-dire par des victoires sur nous-même, qui nous font faire des pas de géants dans la vertu (1). »

19. « Toutes les épreuves que Dieu sème sur nos pas sont de précieuses croix destinées par Lui à nous convertir et à nous sauver. »

20. « Il n'y a qu'une porte à passer, une seule : au delà est l'océan de l'amour de Dieu. »

21. « En un moment Notre-Seigneur peut com-

---

(1) A rapprocher d'un emprunt fait à une lettre du commandant Marceau, Appendice, Note VI, 1.

penser et au delà toute une vie de croix, de délaissements, de maladies, de peines et d'humiliations de toute sorte : patience donc et confiance! »

22. « Notre-Seigneur a toujours l'air humilié, vaincu, et il vainc, il triomphe toujours et Lui seul. Seules l'humilité et la patience nous rendent toujours invincibles. »

23. « La patience, le support dans les petites choses, nous achètent le Ciel à bien peu de frais. Oui, ce peu sera payé, récompensé d'un prix infini ! C'est la condition que Dieu met à notre salut de ne pas lui refuser cette obole, et il sait si bien ce qu'il faut à nos âmes! Ceux qui rejettent les petites croix, en retrouvent bientôt de plus lourdes. (V. Note VI, 2.) »

24. A propos des peines de l'incertitude, M. Gerin m'a dit :

« Il faut laisser dénouer les choses par le bon Dieu, au moyen de la confiance en Lui. Les choses morales ne se calculent pas mathématiquement : elles se résolvent par cette confiance en Dieu et par la droiture. »

25. Une pieuse dame mourante craignait d'avoir

fait quelque oubli dans sa confession, M. Gerin lui dit :

« Ce n'est pas nous qui paraissons devant le Souverain Juge, c'est Notre-Seigneur nous couvrant, répondant pour nous. »

26. « La passion de Notre-Seigneur ne sera pas achevée tant qu'il restera un homme vivant. »

27. « Dans les choses d'intérêt, on se fait un système qui aveugle ou endort. On ne voit plus les choses comme elles sont. Dieu permet, supporte cela : supportons-le nous-mêmes dans nos frères. »

28. M. Gerin n'aimait guère que les membres des Conférences de Saint-Vincent de Paul se mêlassent de convertir les femmes :

« Vous n'avez pas grâce pour cela, disait-il, vous n'avez pas charge d'âmes. Sauvez-vous, vous-même. »

29. « Il faut voir dans les femmes, surtout quand on les rencontre seules, le démon.

» Quand il y a obligation de les voir, un seul mot, un seul instant au delà du nécessaire, commencent à les faire démon pour nous, et nous pour elles.

» Plus elles sont vertueuses et d'état saint, plus il en est ainsi, le démon redoublant alors de malice et d'efforts.

» Le prétexte d'un âge mûr en a perdu beaucoup.

» Quiconque oublie ces choses tombera, sera emporté, brûlé comme paille. »

30. « Muni des sacrements, le démon ne peut rien contre vous sans votre consentement. Moquez-vous de lui. Vous êtes alors comme entre quatre murailles. Il cherche à les escalader et il vous regarde ; mais, sans votre consentement tous ses efforts sont vains, et quand vous refusez ce consentement avec générosité, il retombe en dehors, s'affaiblit et se brise par sa chute (1). »

---

(1) Un saint Père Mariste, le P. Bertholon, disait : « prenez garde que le démon ne passe son bâton par la porte de votre âme, tant soit peu ouverte. »

Un vénérable chanoine de Novare m'a dit à ce sujet une autre chose capitale, qui ne me semble pas suffisamment mise en saillie dans les ouvrages que je connais, la voici :

« *La tentation, toute tentation, au commencement n'est rien.* Si

31. « Se laver dans une confession généreuse des moindres défaites, lâchetés, complaisances, d'un regard, d'un mot, d'un geste, du moindre délai à obéir à la grâce, du moindre laisser aller, du moindre acte de paresse. »

32. « J'ai expérimenté cela, disait-il aussi :

» Il ne faut pas regarder de trop près avec les domestiques; elles n'ont pas été élevées comme leurs maîtres. Avec un peu de liberté laissée, d'indulgence accordée, de confiance donnée, on s'en fait aimer et tout va mieux et pour soi et pour elles. Au lieu de les faire mal tourner, on les rend meilleures et l'on s'acquiert leur dévouement.

» Ce monde est un monde de ruines et de décom-

---

vous vous y refusez, si vous la rejetez carrément tout aussitôt que la conscience vous avertit de son attaque, elle s'évanouit ou vous la dominez et méprisez, quelle qu'elle soit, et vous ressentez un contentement, un encouragement immédiat. Elle ne grandit que par l'hésitation, la délibération, le délai mis à rompre généreusement avec elle. »

L'avis 30 de M. Gerin concorde bien avec cela, et aussi son mot de l'avis 3 : « On s'en sait gré aussitôt. »

bres, il n'y faut pas vouloir trop et ce qui n'y est pas. »

33. « Ne parlez qu'autant qu'il est nécessaire aux domestiques, qui ne doivent pas, elles, vous provoquer à parler sans nécessité. »

34. « La bonne dévotion est de faire avec amour la volonté de Dieu et non la nôtre. La sanctification est là et non à ce qu'on ne peut faire. »

35. « *Docebo tibi quid bonum est et quid de te vult Deus : facere judicium et justiciam* (1). »

36. « L'ouvrier qui travaille au bord du toit, s'attache à la pièce maîtresse et ne tombe pas. La pièce maîtresse, c'est la croix. Non, on ne tombe pas quand on y demeure attaché. »

37. « Le duel va parfaitement à la nature corrompue et au monde. Dieu a permis cet outrage : voyez Notre-Seigneur ! Il n'a pas seulement reçu des injures, mais des soufflets, des crachats et il a voulu

---

(I) *Judicium et justitiam fecit, vita vivet.* Ezech. 33-16.

mourir sur la croix. Voilà jusqu'où va le modèle et le commandement. Il n'y a pas de milieu pour le chrétien. On ne peut l'être à demi, il faut l'être en plein et toujours. C'est pour nous amener là que Notre-Seigneur nous éprouve. Voyez le bon grain : pour lever et produire ses fruits, ne faut-il pas qu'il soit battu ou foulé aux pieds des bêtes, et puis jeté en terre pour y pourrir ? Eh bien, il nous faut aussi passer par là, bon gré mal gré, tous ! »

38. « Notre-Seigneur veut surtout l'affection de ceux qui ne peuvent se passer d'affections ; mais il veut tout ou rien. »

39. « S'il y a quelque joie sur la terre, elle est pour les cœurs purs. »

40. « Que trouvez-vous au sommet des montagnes que vous aimez tant à gravir ?.. Souvent rien que les intempéries. Vos épreuves vous font gravir aussi une montagne, mais au sommet de laquelle vous trouverez mieux. Courage ! Il faut bien d'ailleurs expier nos péchés, et mieux vaut en ce monde qu'en l'autre. »

41. « Lisez chaque matin un verset de l'*Imitation* ou au plus un numéro, et méditez-le, mais non tout un chapitre : vous saurez bien mieux ce saint livre au bout de l'année et vous en aurez infiniment plus profité. »

CHAPITRE IV.

Instructions.

Je ne crois pas que M. Gerin ait jamais écrit une instruction, un prône, un sermon : il n'en a donc jamais récité. Ses innombrables allocutions n'ont jamais été préparées que par l'oraison de la veille, du matin ou du moment et par la lecture de la Bible, qu'il ne manquait pas un seul jour de faire, sans compter bien entendu la lecture du bréviaire. Jamais il n'a songé à lui-même en parlant, mais uniquement à ses auditeurs, qui étaient sur le champ tout à sa pensée et non à l'expression. La sténographie eût certainement accusé plus d'une faute dans celle-ci, mais elle eût conservé aussi beaucoup de traits admirables et tels que l'Esprit-Saint peut seul les inspirer. Quelques puristes le critiquaient : il n'y a jamais pris garde, et ces délicats ne se doutaient guère du style de M. Gerin, quand il s'avisait d'écrire. Ses lettres prouveront, à mesure qu'on en publiera, que s'il s'en fût donné la peine, il eût été un écrivain hors ligne, non moins inspiré et non moins charmant, peut-être, que saint François-de-Sales lui-même. Je viens de lâcher le mot de charmant : le moyen de le retenir, quand, sauf les puristes et les gallicans, tout le monde l'appliquait comme involontairement au bon curé de Notre-Dame.

C'en est assez pour faire sentir que M. Louis Veuillot, seul, s'il eût eu le bonheur de l'entendre et de le connaître, eût pu donner une idée un peu juste des improvisations de M. Gerin. Qu'on veuille donc bien me pardonner de m'en faire le pâle écho, en attendant qu'il en retentisse un plus fidèle ; et qu'on veuille bien considérer que ses auditeurs étaient toujours trop touchés en l'écoutant pour songer à autre chose qu'à repaître leur âme de sa sainte parole.

Voici pourtant quelques traits notés après coup.

1. « Le travail du dimanche, c'est l'incrédulité à la Providence et à la parole de Dieu : c'est le paga-

nisme !.. Gagnons un peu moins d'argent, s'il le faut, dans l'année, pour acquérir et thésauriser un peu plus de grâces et accumuler un peu moins de péchés. »

2. « Il y a ici plus de dix justes, les menaces du Seigneur se sont changées en bénédictions : Voyez les moissons !.. C'est la récompense de vos prières, de votre foi, de votre charité. Prenez tous les potentats du monde et dites-leur, avec tous leurs trésors, toutes leurs armées, toute leur puissance, de faire un grain de blé (1). »

3. « Ceux qui regardaient le serpent d'airain étaient guéris des morsures des serpents de feu : or, pourquoi la vue d'un serpent les guérissait-elle? Parce que ce reptile faisant naturellement horreur, il nous rappelle l'horreur que doivent nous faire nos péchés, et par là il nous guérit (2). »

---

(1) Prône du 18 juillet 1847.

(2) Instruction du 14 septembre 1847, au Tiers-Ordre de saint François.

4. « Si nous voyions la beauté des âmes venant de recevoir l'absolution, rendues à l'état de grâce, comme il y en a, comme elles le sont toutes ici, nous dirions comme les apôtres sur le Thabor : Nous sommes bien ici, dressons-y trois tentes!... Oui, mes frères, vous ne voudriez plus sortir d'ici, vous mourriez de joie (1)! »

5. Devant le saint Sacrement exposé :

« Mes frères, avez-vous vu comme les pauvres vieillards vont au soleil réchauffer leurs membres engourdis?... Ah! que ce divin soleil réchauffe nos âmes, renouvelle nos cœurs! »

6. Le jour de la Portioncule, 2 août 1849 :

« Ces entrées et sorties de l'église sont l'image de la vie. Toute la vie, on entre à l'église pour se purifier et faire provision de grâces; puis dehors on perd, on dépense tout ça, et il faut revenir à la source (2). »

---

(1) Instruction du dernier dimanche de juin 1849.

(2) La foi s'est conservée en Italie, disait l'abbé Combalot,

7. « *Oratio humiliantis se penetrat nubes* (1) !

» L'humilité attire, tire après soi toutes les vertus, comme la sagesse tous les biens. C'est une vallée que la pluie rend féconde, tandis que les montagnes sont frappées par la foudre.

» L'orgueil est le ver rongeur qui s'attache aux plus beaux fruits et leur ronge le cœur. Il nous donne à gémir de nos vertus, au lieu que nos autres péchés nous font du moins pleurer notre misère (2). »

8. « Ne dites pas, pour vous excuser de ne pas avancer, que vous n'avez pas de vertus : Notre-Seigneur les a toutes en vous ! »

9. « On ne songe qu'au confortable, c'est-à-dire à être bien nourri, vêtu, chauffé et à se divertir : *Animalis homo!...* Ces réunions, ces dîners, ces soirées, voilà ce qui occupe : *Animalis homo!...*

---

parce qu'il y a beaucoup d'églises qui font, bon gré mal gré, penser à Dieu. Rien de plus agréable à Dieu que de Lui bâtir ou de Lui rendre des églises.

(1) La prière de celui qui s'humilie perce les nues.

(2) Prône du 4 décembre 1853.

Tout ça n'est que pour le corps, on ne craint que ce qui le fait souffrir, et l'on devrait craindre ce qui le perd avec l'âme. Ah ! ce n'est pas ainsi qu'ont fait tous les Saints !... Considérez Notre-Dame de la Crèche : quelles privations et quelle patience !... Le jour de sa prochaine fête (2 février), elle apporte son Fils au temple, et quel compliment reçoit-elle du saint vieillard ? Un glaive de douleur transpercera votre âme !... Mes frères, ce n'est pas moi qui vous fais la vie dure, c'est Jésus-Christ, par les trente-trois ans qu'il a passés sur le terre. C'est demain la fête de saint François de Sales : elle me fait souvenir, je ne l'oublierai jamais, qu'il y a vingt ou vingt-cinq ans, en lisant ses œuvres, je tombai sur ce passage de l'aimable Saint, qui a laissé la bonne odeur de Jésus-Christ dans cette église (1) et au milieu de nos montagnes qui ont eu le bonheur de le voir : « Ou aimer Dieu ou mourir !... » Que ce soit aussi notre devise jusqu'à la mort (2) ! »

---

(1) Voir à l'Appendice une Note sur la cathédrale de Grenoble.

(2) Prône du 28 janvier 1855.

10. « J'étais ces jours-ci au chevet d'un pauvre mourant ; il avait tout quitté depuis longtemps : son pays, sa famille, tout, sa volonté même, pour faire sans obstacle la volonté de Dieu, son salut et celui des enfants pauvres; car, pourquoi ne vous le dirais-je pas? c'était un pauvre Frère de la Doctrine chrétienne. Eh bien! là, je me suis trouvé muet. J'eusse voulu, au lieu d'avoir à parler à ce Saint, m'enfuir dans un désert pour le devenir moi-même. J'avais le cœur gros et nous pleurions tous, enfants et assistants... Jamais, dans toute ma vie, je n'avais vu et senti de telles choses : il y avait comme une fenêtre du Ciel ouverte, et les rayons du soleil de justice dardaient sur nous leurs feux dévorants.

« Quand un pauvre malade dit à Dieu, de son grabat de douleur : votre volonté et non la mienne !.. Il fait la même chose que le prêtre prononçant les paroles de la consécration au saint autel. Oui, Jésus-Christ descend aussi à cette parole du pauvre mourant résigné ; il descend aussitôt, avec sa sainte Mère, avec ses anges, dans ce pauvre souffrant volontiers, sur cet autel qui n'est qu'un grabat... Et nous sentions cette divine présence, quoique sans la voir... Et c'est là toute la doctrine de l'Eglise catholique, apostolique et romaine ! (1). »

11. Le 15 octobre 1844, M. Gerin prêcha aux Carmélites de la Tronche pour la fête de leur glorieuse Mère. L'improvisation dura près d'une heure, qui fut trouvée bien courte. Il nous promit le Ciel.

« Veuillez-le seulement, vous l'avez, s'écria-t-il ! Veuillez-le, en mettant la main sur votre poitrine après la sainte communion. Ces vouloirs-là, les serments faits alors, la main sur le feu, sont fermes, immuables. On ne les oublie jamais, on les tient. Quand on a ainsi promis à Jésus-Christ de le suivre jusqu'à la mort de la croix, il n'y a peines, épreuves, tourments, ongles de fer, grils ardents, chaudières d'huile bouillante qui arrêtent !.. Tout cela, votre Mère, loin de le redouter, elle l'appelait de tous ses vœux, s'écriant : *aut pati, aut mori !..* Et son digne disciple saint Jean de la croix : *pati et contemni pro te !* Et sainte Madeleine de Pazzi : *pati et non mori !..* Ce

(1) Prône du 11 mai 1851.

que saint Paul explique à ravir quand il dit : je surabonde de joie dans mes tribulations!.. Sainte Térèse est le saint Paul des femmes ; c'était un caractère décidé, un caractère de soldat!.. Oh ! la vaillante et généreuse ouvrière!.. »

Et se retournant vers le public qui remplissait la chapelle, M. Gerin ajoutait :

« Mes frères, mettez les ouvriers dans la maison. Que la mémoire, l'entendement, la volonté fassent leur œuvre pour extirper le poison que des conversations médisantes, de mauvais exemples, des chutes peut-être ont mis dans vos âmes. Si une bête enragée s'était introduite dans votre enclos, tarderiez-vous à appeler au secours, à la rechercher, traquer, exterminer ?.. Songeriez-vous à autre chose, ne quitteriez-vous pas tout pour cela ?..

» Sans doute la faiblesse est en nous, mais ne nous arrêtons pas aux petites choses, aux scrupules surtout. Quand on s'est donné à Dieu, il n'y a plus à marchander. Pas de fausse humilité, de timidité déplacée. Une postulante voulut avoir le cœur d'argent d'une professe morte, dans une congrégation où c'est le signe des religieuses de chœur ; elle l'obtint. La

Sainte-Vierge lui avait dit : tu l'auras! Le rang de professe de chœur ne l'effraya pas. Pour arriver à l'état auquel ils se sentent appelés, qu'ils veulent uniquement, les Saints vont à grands pas et pour ainsi dire par bonds. Les délais, les rebuts, les épreuves, on dirait qu'ils n'y prennent garde! »

Pour le bien des âmes qui l'écoutaient, M. Gerin venait de se trahir, en nous ravissant tous. N'était-ce pas là en effet sa propre histoire, que j'ai esquissée précédemment? Mais ce que je viens de rapporter n'est que mon pâle souvenir. Qu'il me soit permis d'adjurer ici les vénérables religieuses auxquelles le Saint s'était adressé surtout, de nous donner sa parole même, quelles ont gardée dans leur cœur et vaillamment mise à profit!

12. Je termine ces citations par les notes que j'ai prises du sermon de M. Gerin sur la montagne de la Salette, à la grand'messe du 19 septembre 1851, quatrième anniversaire de l'Apparition. N'étant pas sténographe, il est bien entendu, je le répète, que ce n'est toujours là qu'un squelette et que bien des incorrections viennent de moi. Néanmoins, dans la crainte d'altérer encore davantage l'improvisation du

saint curé, en retouchant ces notes, je ne fais toujours que les copier.

« *Fides vestra non est in sapientiâ hominum, sed in virtute Dei* (1).

» L'homme par ses pensées, sa volonté, sa conduite est opposé aux pensées, à la volonté, aux actes de la divine Providence. Ce qui paraît folie en Dieu, est sagesse au-dessus de toute sagesse humaine, et ce qui paraît faiblesse en Dieu, est plus fort que toute force humaine.

» Vous l'avez déjà compris, mes frères, c'est Jésus-Christ crucifié que nous venons vous prêcher ici ; Jésus-Christ le scandale des juifs et des gentils, mais la sagesse et la vertu de Dieu.

» Dès que la religion eut posé les pieds sur la terre, elle fut en butte aux contradictions, aux calomnies, aux persécutions, au martyre. Voyez la vie de Jésus-Christ et de ses apôtres et de tous leurs successeurs jusqu'à nos jours. Voyez cet accord des empereurs pendant plusieurs siècles pour déchirer

---

(1) Cor., 2-5.

le corps des chrétiens, et ces multitudes féroces applaudissant à un tel spectacle et l'exigeant à leur tour de ses maîtres !

» Mais les chrétiens n'ont jamais craint ceux qui n'ont pouvoir que sur le corps : ils n'ont jamais craint, et vous ne craignez, mes frères, que Celui dont l'empire s'étend sur les âmes.

» Ces empereurs, ces rois, ces peuples persécuteurs ont passé : les chrétiens n'ont point passé, en vertu de cette parole du divin Crucifié : Je suis avec vous jusqu'à la consommation des siècles.

» Mes frères, le grand Fait de la Salette qui, des quatre vents du Ciel, nous a réunis ici comme une famille, devait subir le même sort.

» Aussitôt que les pieds de la Reine des martyrs se furent posés sur cette montagne, la foi et l'amour s'allumèrent d'une part dans les âmes, et la contradiction d'autre part, comme il est arrivé et arrivera toujours pour toute chose vraie, grande, divine. Et ici, mes frères, l'opposition, certes, n'est pas imaginaire. Elle est nombreuse, opiniâtre, puissante, respectable même, quoique pas également partout. On crie au mensonge, à la folie, à l'imbécilité !... Ou bien, c'est spéculation!... Quant à la fontaine, il n'en faut plus parler : les géologues l'expliquent!... Qu'est-ce que les savants n'expliquent pas?... Voyez le choléra, la maladie des pommes de terre, des raisins!... Toutefois, suivant tous les habitants de la Salette-Fallavaux, la fontaine a pris naissance en temps de sécheresse, après un été dont la chaleur dévorait le blé jusqu'en ses épis; et la Sainte-Vierge avait ses pieds à sec là même où le lendemain, le surlendemain et depuis sans cesse, il y a eu, il y a une source intarrissable. Cette source tarissait auparavant à chaque sécheresse, et depuis elle n'a plus tari jamais, et elle est venue tout à coup après un été des plus secs et un hiver presque sans neige!... Oh! il y a là quelque chose de supérieur à l'intelligence humaine et jusqu'où la foi seule peut monter!... Jamais, depuis qu'il y a une société humaine, on n'a ouï dire qu'une telle merveille ait été prévue, et jamais, quoiqu'on nous conte, on ne la verra expliquée!

» Mais, mes frères, le bien n'a pas droit de cité dans le monde, et quand son représentant et son auteur y est venu, on a été dans la forêt lui tailler une croix. Le Fait de la Salette ne fait donc que renouveler le fait de Jésus-Christ.

« La voix qui s'est fait entendre sur cette montagne est puissante ; elle remplit le monde. Tandis que quelques-uns se bouchent les oreilles pour ne pas l'entendre, voyez les malades, les condamnés de la science, se tourner vers ce lieu béni et y accourir en foule, sans que leur espoir soit confondu : *Spes... non confundit* (1). Dieu pourtant n'écoute pas les pécheurs ! *Peccatores Deus non audit* (2), ce Dieu bon qui vous entend si bien !.. Ici, en effet, que de larmes et de douleurs changées en joie ! Que de plaies, d'ulcères, de lèpres disparus au commencement, au milieu ou à la fin des neuvaines faites à Notre-Dame de la Salette et après l'usage de l'eau miraculeuse !

» Mes frères, de semblables guérisons et consolations abondaient dans les temps apostoliques. Mais il y a en ce lieu quelque chose de plus que la parole,

---

(1) Rom., 5-5.

(2) Joan., 9-31.

que le vêtement ou l'ombre des apôtres : c'est la splendeur même de Marie, qui y est apparue et a ébloui deux heureux enfants, leur laissant un ineffable regret. Comment se pourrait-il, dès lors, qu'il ne sortit pas d'ici une vertu guérissant toute infirmité et toute langueur?... C'est bien plus que Pierre ou que Paul, c'est la Reine même des Saints et la Mère de notre divin Sauveur Jésus-Christ, c'est Marie elle-même qui a laissé la trace et le parfum de ses pas en ce lieu choisi entre tous!

» Je vous l'ai assez dit, mes frères, le Fait de la Salette a de la ressemblance avec la religion de Jésus-Christ. Comme elle, il est le scandale des uns, la consolation et le salut des autres.

» Je puis ajouter qu'il vient de recevoir un accueil favorable du chef auguste de cette religion sainte.

» Le 18 juillet dernier (1851), j'étais aux pieds du Souverain Pontife, avec un prêtre pieux, savant et haut placé dans notre diocèse (1), et nous remettions à Sa Sainteté, au nom de notre Evêque vénéré, les secrets des enfants de la Salette.

(1) M. Rousselot.

» Le Saint Père se lève avec cette majesté douce et imposante qui rayonne de sa personne, il va au grand jour d'une croisée pour y mieux voir, en nous disant : « *Suis-je obligé de garder pour moi ces secrets?* — *Très-saint Père,* lui répond l'un de nous, *vous avez les clefs du Ciel.* »

« Le Saint Père lit, il fait l'éloge de la rédaction de l'un des secrets ; le second l'affecte profondément. Son visage auguste se contracte, et jetant sur nous un regard plein d'angoisses, il nous dit : « *Encore des fléaux pour la France !.. Elle n'est pourtant pas seule coupable, l'Italie l'est bien aussi, et la Suisse, et l'Allemagne et l'Europe entière !.. Ah ! ce n'est pas sans raison que l'Eglise est appelée militante... Vous en voyez le capitaine... J'ai moins à craindre de votre Proudhon et autres, en guerre ouverte avec Dieu, que de l'indifférence et du respect humain. Vos soldats, ici, se mettent à genoux sur mon passage, mais après avoir regardé si on ne les voit pas !..* » Puis s'adressant à mon compagnon : « *J'ai fait examiner vos ouvrages par le promoteur de la foi, M*gr *Frattini, il m'en a rendu un compte favorable, y ayant reconnu les caractères de la vérité.* » « Mgr Frattini nous a dit ensuite en particulier : *Oui, j'ai lu ces ouvrages, par ordre de Sa Sainteté, depuis la première ligne jusqu'à la dernière, et j'y ai trouvé tous les caractères de la vérité ; dites à Mgr de Grenoble de faire bâtir sur la montagne privilégiée, non une chapelle, mais une église digne de la Sainte-Vierge. Il y a dans ces ouvrages dix fois plus de grâces obtenues qu'il n'en faut pour cela ; il ne s'agit pas de canoniser la Sainte-Vierge, elle n'en a pas besoin ; mais elle a besoin d'être aimée, vénérée, invoquée de plus en plus en ces temps critiques.* »

» Je puis ajouter qu'un cardinal (1) nous a dit avoir prêché, dans le diocèse dont il est évêque, le Fait de la Salette. Tel est, mes frères, l'accueil qui lui a été fait à Rome.

« Ce n'est pas à dire, sans doute, que ce solennel avertissement soit de foi obligée : non, mais ce n'en est pas moins une planche de salut de plus jetée aux peuples par la divine miséricorde, pour empêcher la perte d'une multitude d'âmes.

---

(1) S. E. Mgr Lambruschini.

» Mes frères, la voix qui s'est fait entendre sur cette montagne, du haut de cette chaire, la plus élevée peut-être qui soit en Europe, est redoutable. Les villes, les empires ont été menacés par elle, et voyez comme ils ont failli peu après s'abîmer dans leurs ruines : les fruits de la terre sont atteints de maladies inconnues, l'ordre des saisons semble troublé, nos torrents viennent de commettre des dévastations inouïes, des appréhensions générales se répandent partout... Il semble que nous voyions déjà les maux qui nous menacent lever la tête comme les serpents dans le désert... Et pourquoi tout cela, mes frères ?.. Ah ! parce qu'on ne veut se faire violence sur rien, parce qu'un grand nombre, hélas ! continue à profaner le jour du Seigneur et à blasphémer son saint nom, parce qu'on n'obéit plus à l'Eglise !

» Mes frères, après dix-huit cents ans la Sainte-Vierge est revenue sur la terre, en ce lieu même : quel spectacle !... Les pauvres enfants qui l'ont vue et entendue, sont hors d'eux-mêmes ; ils courent après elle, ils lui tendent leurs bras et leurs cœurs, voulant la retenir, et puis, quand ils l'ont perdue de vue, ils s'écrient avec amertume : Ah ! que ne lui avons-nous dit de nous emmener avec Elle !... Pauvres enfants, vos regrets sont légitimes et bien sentis. Rien ne vous attache à cette terre, vous qui ne possédez rien, et comme aussi votre détachement et votre bonheur d'un moment se sont vivement empreints dans vos paroles !... Eussiez-vous su les trouver ces belles paroles si vous n'eussiez eu en effet l'enivrant bonheur de voir la Sainte-Vierge ?.. Leur éloquence n'est-elle pas pour nous une preuve de plus et éclatante de cette grande grâce qui vous a été accordée pour nous tous, à cause de votre pauvreté, de votre innocence, de votre simplicité ?

» Vierge sainte ! ah ! nous aussi nous devrions être détachés de la terre !... Lequel d'entre nous y est exempt de soucis, de maux, d'amertumes, de désolations, d'angoisses ? Faites que nous devenions réellement détachés comme nous devrions l'être ; pauvres d'esprit, humbles, simples, vrais... ; que nous reconnaissions, confessions, détestions nos fautes, et qu'ainsi nous puissions vous dire de cœur et d'âme, comme ces enfants privilégiés : emmenez-nous avec vous au Ciel, puisqu'aussi bien votre divin Fils nous y appelle et nous y attend tous ! Amen ! »

Le lecteur jugera si la manière dont M. Gerin appréciait le bonheur des enfants de la Salette ne révèle pas à elle seule qu'il avait eu lui-même un pareil bonheur ? On ne le sent pas moins à ce qu'il dit de M. Ratisbonne dans trois de ses lettres (première, deuxième et troisième, chapitre VI), et l'on peut même ajouter que, n'eût-il pas laissé échapper son secret ou l'un de ses secrets sur ce point, son langage, son animation, l'espèce de transport qui le saisissait toutes les fois qu'il parlait de la Sainte-Vierge, nommément en prêchant le chemin de la croix sur la sainte Montagne, le trahissaient. Il avait donc bien eu lui aussi ce bonheur ineffable de la voir dès ce monde ; mais trop peu de fois et trop brièvement à son gré, en sorte qu'il ne pouvait plus que soupirer ardemment sans cesse le *Cupio dissolvi* (1) ! de saint Paul.

(1) Phili., 1-23.

CHAPITRE V.

Œuvres.

M. Gerin savait trop bien que : *les hommes passent et les œuvres restent*, comme il le disait lui-même, pour ne pas appliquer toute son ardente charité à des fondations durables. Aussi, que n'a-t-il pas fait pour soutenir et développer toutes celles qui existaient dans sa paroisse et combien n'en a-t-il pas établi de nouvelles ! Leur histoire sera un jour le chapitre le plus étendu de sa vie, parce qu'il en est la partie la plus connue. Le R. P. de Damas l'a déjà esquissé, et allant jusqu'à compter les instructions que toutes ces œuvres inspiraient à M. Gerin dans le cours de l'année, il est arrivé au nombre de 540 !... Mais il appartient à Mgr Cotton, qui a continué pendant dix ans ces mêmes œuvres, et y a ajouté l'œuvre si appréciée de la messe des hommes, le dimanche, d'achever de traiter cet important sujet. Je me bornerai à en toucher quelques points.

1. Quelques mots d'abord sur la messe annuelle des enfants. C'était si beau de voir la cathédrale pleine de ces charmants petits anges, à la main ou dans les bras de leurs mères et d'entendre le bon pasteur leur ouvrant son cœur ; car c'était vraiment la scène de l'Evangile !... Que de douces larmes il faisait couler, que de saintes résolutions il inspirait ! Comme il faisait bien sentir que l'Eglise est la vraie mère de tous, et la plus éclairée et la meilleure de toutes les mères :

Miserebitur tui, magis quàm mater (1) !

A la Salette, à Lourdes, à Ceretto, à Pontmain, la Sainte-Vierge ne s'est montrée qu'à de pauvres enfants; cela seul dit ce qu'était l'assemblée de Notre-Dame pour M. Gerin et peut donner quelque idée de ce qu'il disait ; car il y a dans la parole, l'accent, le débit des Saints quelque chose qui ne se traduit pas.

---

(1) Ecclé., 4-11.

2. Une autre réunion, plus nombreuse encore à Notre-Dame et non moins mémorable, c'était celle de la dernière soirée de l'an. Là, le saint curé sondait les consciences, inspirait les bons propos, faisait songer à la mort et pleurer et prier pour ceux qu'elle avait frappés dans le cours de l'année qui finissait. Ah ! ce n'était point une solennité vaine et vite oubliée !

3. La dévotion du mois de Marie était inconnue à Grenoble avant M. Gerin. Il l'a établie dans sa grande paroisse avec un zèle qui est venu à bout de beaucoup de difficultés ; le R. P. de Damas en a dit quelque chose. Il fallait à M. Gerin toute la grande cathédrale pour les exercices de chaque soir, au lieu de sa restreinte chapelle paroissiale, et il ne voulut pas qu'on fît payer les chaises. Aussi eut-il d'abord à faire face lui-même à une partie des frais, tout en se chargeant de toutes les instructions. Mais les fruits de son dévouement ont été merveilleux et durables. La cathédrale, en effet, n'a plus jamais cessé, depuis plus de quarante ans, d'être comble tous les soirs de ce mois béni, à peu près comme aux jours de fête. Les quelques lettres que je cite (chap. VI, lettres

1 et 5) donnent une idée du zèle et des consolations du fondateur de cette belle dévotion parmi nous.

4. Ravi du bien merveilleux que M. Des Genettes opérait par l'Archiconfrérie du saint et immaculé cœur de Marie, M. Gerin alla près de lui aussitôt qu'il put. Ce fut au mois d'août 1847. Il se logea à l'hôtel des Colonies, tout près de Notre-Dame des Victoires. Il y disait chaque jour la messe à l'autel de l'Archiconfrérie et passait ensuite de précieux moments avec le saint curé, dont il était devenu l'ami intime aussi vite que du curé d'Ars (1). Paris ne put le distraire un instant de sa grande affaire, et Dieu sait avec quel bonheur il rapporta à sa grande paroisse un diplôme d'affiliation et les fruits qu'il en a retirés. Quelques passages des lettres 7e et 8e (chap. VI) montrent l'étroite union qui ne cessa

---

(1) La première fois que M. Gerin est allé à Ars, il était accompagné de plusieurs prêtres, M. Vianney vint droit à lui, l'embrassa et lui fit donner sur-le-champ ses plus beaux ornements pour dire la messe. Les compagnons de M. Gerin furent très-frappés de cette façon des Saints de se connaître à première vue, et c'est par eux qu'on a su la chose.

plus entre les deux saints curés. Chaque fois que j'allais de Grenoble à Paris ou de Paris à Grenoble, c'était à qui de l'un d'eux me donnerait le plus de pressantes recommandations pour l'autre.

Le mal que faisait alors Louis-Philippe par son Université sceptique, était une des grandes préoccupations de M. Gerin. Un soir, en rentrant dans son hôtel, après de ferventes prières à ce sujet, il jeta derrière la glace de sa chambre une médaille de la Sainte-Vierge, en suppliant notre toute-puissante Reine de mettre un terme à un si grand mal. Six mois après, le 24 février 1848, le roi philosophe s'enfuyait en se cachant. M. Gerin m'a rapporté lui-même tout cela (1).

---

(1) Voici à ce propos ce que M. l'abbé Rigaud, dans l'admirable Vie que nous lui devons du bon Père André Fournet, rapporte d'un digne disciple de ce Saint, M. le curé Mathé, homme d'un grand sens et d'une grande clairvoyance (p. 125) :

« ..... C'était vers la fin du règne de Louis-Philippe ; le rationalisme envahissait de plus en plus nos écoles. Dans les grandes villes, les hommes du haut enseignement se posaient en contradicteurs des Evêques ; dans les villages, les instituteurs faisaient échec aux curés. Le vénérable curé de la Bussière sentait vive-

5. Une œuvre encore que M. Gerin avait à cœur entre toutes, est l'*œuvre du sacrifice perpétuel.* M. Pison, le dernier vivant des fondateurs, lui en avait transmis les traditions. Or, le 22 février 1849, deux jours après la mort de ce pieux chrétien, à laquelle j'avais assisté, M. Gerin me prit à part dans sa sacristie de Saint-Hugues pour me parler de cette œuvre, et voici à peu près textuellement ce qu'il me dit :

« La Révolution a brûlé une magnifique forêt qui couvrait la France ; il en reste un rameau, c'est l'œuvre du sacrifice perpétuel. Des fondations de messes, à perpétuité et à temps, existaient partout dans les paroisses, les abbayes, les couvents ; elles remontaient jusqu'à des siècles et s'étaient multipliées de plus en plus. Les fonds avaient été faits, reçus. La Révolution a dévoré tout ça. Quelle perte

---

ment la péril de cette persécution à la Julien-l'Apostat. Il voyait venir de loin les plus grands malheurs, et maintes fois il nous les a prédits, pendant nos promenades du dimanche sur la petite terrasse de son jardin. Il mourut en juin 1848, victime de son zèle à remplir ses fonctions pastorales. »

pour les familles, pour les générations, pour la France !

» *Cotisez-vous, faites dire des messes :* ces paroles, tombées de la bouche de Pie VI, dans les jours qu'il passa chez Mme de Vaux, dans l'hôtel Vaulserre, furent recueillies par cette nouvelle Marthe et quelques autres saintes âmes (1) et furent le germe de l'œuvre, destinée, disait encore M. Gerin, à renouer une précieuse chaîne rompue.

» Le pauvre avec cinq sols, avec deux sols, ajoutait-il, a part au bienfait ; ce peu est un passe-partout qui lui ouvre un trésor infini de mérites croissants sans cesse. »

M. Gerin a établi cette œuvre si importante à la cathédrale, en 1848. Il voulait une réunion générale des associés au moins une fois l'an, pour qu'il fût

---

(1) Le saint marquis de Videau, les dames de Marnay, Mme de Maubec, M. Pison, etc.

Le Saint-Père arriva à Grenoble, le 6 juillet 1799, et en partit le 10, pour Valence, où il devait succomber martyr, le 29 août suivant, à quatre-vingt-un ans huit mois et deux jours, dans la vingt-cinquième année de son pontificat.

rendu compte des progrès qu'elle ferait. On se réunit à l'évêché, Monseigneur tenant à présider; mais comme on y parlait aussi beaucoup d'autres choses, M. Gerin s'effaça... Plus tard, heureusement, le 19 février 1852, une année avant sa démission, le vénérable évêque plus informé, se ravisa en érigeant canoniquement la confrérie du sacrifice perpétuel dans la paroisse de Notre-Dame, sous la direction de M. Gerin. La façon dont le Saint appréciait *l'œuvre de Pie VI*, l'avait frappé. Aussi n'y eut-il plus aucun arrêt dans la marche de cette sainte œuvre.

M. Pison m'en parlait souvent. Combien de fois ne m'a-t-il pas dit : « Il y a des indulgences spéciales pour la plupart de nos prières, même très-courtes, pour des invocations de quelques mots, et il n'y en a pas pour l'assistance au saint sacrifice de la messe ! » Il le croyait ainsi, et toujours est-il qu'il légua tout son zèle à celui que Dieu destinait à l'établissement de l'œuvre en question.

Je ne puis clore ce chapitre des *œuvres* sans citer une parole de M. Gerin, qui en résume le fruit : *nous les péchons tous, du moins à la mort*, m'a-t-il dit de ses paroissiens. — Il en avait 12,000, avons-nous vu.

CHAPITRE VI.

Ecrits et Lettres.

ÉCRITS.

1. Une vénérable dame venant de recevoir de ses petits enfants (1), en cadeau de jour de l'an, les *Méditations sur l'Evangile* de Bossuet, pria M. Gerin, dans la visite de bonne année qu'il lui faisait, de mettre quelques lignes en tête du volume, et voici ce que le saint curé écrivit à l'instant :

« Il faut en user avec les livres comme avec les hommes, beaucoup se défier d'eux, choisir les bons entre les mauvais, et les meilleurs entre les bons,

---

(I) L'un deux avait été arraché à la mort par M. Gerin. J'y reviens, chapitre VII.

faire ensuite schisme avec les autres. Il y a dans celui-ci, qui est offert à la très-bonne et très-excellente dame *** par ses enfants chéris, comme un signe de leur amour et de leur reconnaissance, un double génie, celui du Ciel et celui du temps. Le premier s'appelle saint, adorable, charité, bonté, miséricorde infinie; le second se nomme admirable, intéressant, candide, sublime : c'est comme l'échelle de la terre au firmament. Il y a dans ce livre alliance, ou pour mieux dire incarnation de la parole de Dieu avec la parole de l'homme. Il est presque semblable à la beauté, à l'amabilité, aux délices, aux mystères devant lesquels les chrétiens pleurent d'amour dans la sainte et ineffable étable de Bethléem.

« Grenoble, le 31 décembre 1843.

« GERIN, *curé de Notre-Dame.* »

---

2. En tête du *Manuel des prières des quarante heures*, de l'un des mêmes petits enfants de Mme ***, à l'approche de sa première communion, M. Gerin écrivit ce qui suit :

« Je recommande à mon cher enfant Félix *** les

conseils suivants, pour le disposer à faire une sainte première communion :

» 1° Eviter le mal et faire le bien ;

» 2° Faire tous les jours une petite méditation, autant que possible dans un temps fixe de la journée.

» Après le bonheur de la réception des sacrements, de l'audition du saint sacrifice de la messe, je n'en connais pas de plus grand que celui d'une méditation régulière, soutenue, constante et persévérante jusqu'à la fin de la vie.

» Voici ce que David, inspiré de Dieu, disait de la méditation : *In matutinis meditabor in te* (1), et ailleurs : *concaluit cor meum... In meditatione meâ exardescet ignis* (2).

» Voici encore ce que saint Paul dit :

» *Qui adhæsit Domino, unus spiritus est* (3).

» Quoi de plus doux, de plus heureux, de plus ma-

---

(1) Ps. 62-7.

(2) Ps. 38-4.

(3) Cor. 6-17.

gnifique que de mêler son esprit à celui de Dieu! C'est un paradis sur la terre ;

» 3° Un amour tendre envers la très-délicieuse Vierge Marie.

» Son souvenir, sa protection, son regard sur nous sont un baume propre à nous faire oublier les douleurs, les combats et tous les ennuis de la vie.

» Mon cher Félix l'invoquera tous les jours, ou par la récitation de quelques *Ave Maria* de son chapelet, ou par la prière *Memorare*, ou par quelques oraisons jaculatoires, comme par exemple : Ma délicieuse Mère du Ciel, parlez de moi et pour moi au Ciel ; que mon cœur, mon âme, tout moi-même soient toujours dignes de vous !

» GERIN, *v. g., curé de Notre-Dame.*

» 12 mars 1854. »

---

3. Le 16 janvier 1851, M. Gerin a écrit ce qui suit à M. le curé d'Ars, et m'a fait l'honneur, le lendemain, de me remettre sa minute :

« Monseigneur a nommé plusieurs personnes pour examiner ce que vous lui avez confié. Il paraît qu'entre vous, Monsieur le curé, et Maximin, il y a eu malentendu. Car Maximin n'a pas été seul témoin, Mélanie a été aussi témoin. Les deux enfants ont été interrogés séparément, à diverses reprises. Toujours de leur part identité dans leur récit, même sens froid, même affirmation, même protestation, même serment. »

LETTRES.

(Les huit premières sont à mon adresse, non les deux autres.)

Première Lettre de M. Gerin.

Grenoble, le 26 mai 1842.

Monsieur et cher Paroissien,

C'est à mon grand regret que je suis venu jusqu'ici sans vous remercier de tout ce que vous avez daigné m'envoyer de Lyon et de la réponse de M. Des Genettes, dont j'ai été satisfait. Je suis fâché de l'avoir tant occupé de moi. Ayez la bonté de le remercier quand vous pourrez l'accrocher, et de recommander à sa sainte Archiconfrérie : 1° un homme de Grenoble, connu pour ses antipathies religieuses. Il est malade; sa belle-mère est venue me le recommander instamment. Je lui ai fait porter une médaille (entre nous, c'est M. ***); 2° une jeune fille de treize ans, qui ne peut marcher sans béquilles et qui est venue aujourd'hui me demander sa guérison; 3° deux frères et deux sœurs à moi; 4° une intention particulière; 5° toutes mes œuvres et enfin toute ma paroisse, et en particulier...

... C'est un bonheur pour moi de penser à vous le plus que je peux... Nous aimons bien tous la Sainte-Vierge. Il y a grande ardeur, grand empressement pour le mois de Marie. On le fait partout, et partout on voit affluer les fidèles...

Que je voudrais donc voir M. Alphonse Ratisbonne! J'attacherais un grand prix à l'embrasser.

Il est rare de voir ici-bas face à face la Sainte-Vierge comme lui.

Votre petit serviteur,

GERIN, *curé de Notre-Dame.*

Deuxième Lettre, du 2 décembre 1842.

... C'est pour moi une heureuse et douce nécessité (de m'écrire pour une commission qu'on lui donne)... Aussi, vous le raconterai-je avec la simplicité d'un enfant, me souvenant avec bonheur que vous avez été témoin de tout l'emploi de mon temps. C'est toujours de même à présent. Il y a trop de bonheur d'être soldat de Dieu.

....

Dimanche dernier, en donnant la sainte communion après la messe, j'ai cru voir votre ressemblance dans une jeune personne qui semblait être venue du Ciel, et j'ai dit en moi-même c'est la fille aînée du bon M. Dausse, et tous vos vœux sont venus dans mon cœur en ce moment, pendant que je distribuais le pain des Anges. Ils ont été doux, délicieux, ravissants; je les ai faits miens, je les ai offerts à Dieu. Espérons que Dieu nous exaucera. Je voulais vous dire bien des choses, mais on m'appelle. Si j'attends à un autre moment pour fermer ma lettre, je crains que quinze jours ne s'écoulent comme quinze minutes...

Je vous enverrai la relation de la guérison de ma sœur, religieuse, aussitôt qu'elle sera imprimée. Je suis confondu d'humiliation devant Dieu. C'est la commission que vous avez daigné faire à M. Ratisbonne, qui nous a valu ce bonheur.

Tout à vous en J. M. J.

GERIN, *curé.*

TROISIÈME LETTRE, DU 20 JANVIER 1844.

Monsieur,

J'ai lu avec bonheur la lettre que vous avez bien voulu m'adresser. Je vous remercie mille fois de tout l'intérêt et de tous les sentiments de bienveillance que vous daignez m'y témoigner. Comme vicaire de Dieu, je reçois tout pour Dieu; mais, comme homme, je sens que je suis moins qu'une poignée de poussière.

....

Tout ce que vous avez la bonté de me dire de

M. Ratisbonne me fait du bien et réjouit ma pauvre âme. Il fait bon voir les Saints et parler avec ceux qui ont vu par la porte du Ciel. Marie n'en est-elle pas la grande porte? Et quand on l'a vue, n'a-t-on pas vu une des grandes beautés du Ciel! Oh! quelle faveur!... Quel bonheur encore plus grand de pouvoir par quelques humiliations de la durée de la vie d'un homme, être un jour assis au rang des enfants de Dieu pendant toute l'éternité!

Je ne mérite pas votre amitié. Je vous avoue que de mon côté, autant que le peut permettre ma faible capacité, je vous porte l'intérêt le plus vrai et le plus ardent qu'on puisse imaginer. Que le bon Dieu vous bénisse mille fois, qu'il porte jusqu'au fond de votre âme toutes les consolations dont vous avez besoin! Qu'il vous fasse trouver dans votre foi et dans vos saintes pratiques de piété un ample et surabondant dédommagement à toutes les peines par lesquelles il a plu à la divine Providence de vous faire passer jusqu'ici!

....

Je vous dirai que j'ai eu la douleur de perdre ma bonne sœur. Treize mois après sa guérison, une autre maladie que la première l'a enlevée. *Quand je serai dans le Ciel*, me disait-elle, *je ferai beaucoup de visites à la Sainte-Vierge pour vous.* J'espère qu'elle en fera aussi pour ceux que j'aime et que vous serez au premier rang.

Votre, etc.

GERIN, *curé de Notre-Dame.*

QUATRIÈME LETTRE, DU 9 DÉCEMBRE 1844.

Monsieur et cher Ami,

. . . .

... Il n'y a rien de si infortuné que notre vie. Il n'y a que des épines et des douleurs quelque part que nous soyons. Les croix que nous connaissons, et avec lesquelles nous sommes un peu familiarisés, valent infiniment mieux que celles que nous ne connaissons pas, et sous le poids desquelles nous tomberions, si elles nous advenaient. Dites souvent avec Notre-Seigneur : *Non descendi de cœlo ut faciam meam voluntatem, sed voluntatem ejus qui misit me* (1).

Cette résignation, cette adhésion de la douleur à la douleur, des déchiremeuts aux déchirements, des larmes aux larmes de Notre-Seigneur, nous obtiennent plus de mérites, plus de sûreté pour notre salut, et même pour le salut d'une infinité d'âmes égarées, que toute autre position où les peines, qui y sont cachées nous écraseraient encore plus que toutes celles que la divine nous donne naturellement.

....

Il faut grandement se défier des visions..... La lettre qui annonçait une prédiction réalisée n'a rien de vrai..... Le démon est bien fin !

Mme *** est parfaitement guérie. C'est un vrai triomphe sur la mort. Aidez-nous à en remercier Dieu.

Je finis ici. La nuit a commencé et l'on m'appelle

(1) Joan., 6-38.

pour aller voir un malade par un temps affreux. La neige nous inonde.

Je suis, etc.

GERIN, *curé de Notre-Dame.*

P. S. — Je prierai toujours pour vous de cœur et d'âme.

CINQUIÈME LETTRE.

Grenoble, le 11 juin 1845.

Monsieur et cher Ami,

... Patience, patience, il faut mourir des millions de fois pour trouver un peu de repos dans ce monde même et la vie abondante dans l'autre. Mourir ainsi et pour de telles fins, c'est mourir en bonne compagnie, avec tous les Saints et avec le Fils de Dieu lui-même. *Secundum multitudinem dolorum meorum in corde meo, consolationes tuæ lætificaverunt animam meam* (1).

---

(1) Ps. 93-19.

. . . .

Notre mois de Marie m'a beaucoup consolé. Tous les soirs l'Eglise était remplie de fidèles comme aux jours des grandes solennités. Pendant ce temps-là j'ai eu à confesser comme au temps pascal. Il y a eu des réconciliations, des victoires remportées sur des habitudes invétérées, des mariages réhabilités, des morts spirituels ressuscités, presque tous les jours des personnes qui n'avaient pas accompli le devoir pascal, l'accomplissent avec édification. Pendant ce beau mois nous avons érigé un beau chemin de Croix dans le cimetière de Saint-Roch (1). La foule était immense. C'est aussi pendant ce mois que j'ai été témoin de cette faveur de la Sainte-Vierge :

Une personne ne voulait pas se confesser. On la conjurait de remplir ce devoir. Malade à mourir à chaque instant, elle n'avait point fait ses pâques. Elle résistait, elle disait : *Chaque fois que vous m'en parlez, vous reculez l'affaire d'un an.* Pour se débarrasser même des instances pieuses et douces qu'on lui faisait à cet égard, elle demandait un mi-

(1) C'était sa propre œuvre.

nistre protestant pour abjurer le catholicisme. Enfin, les choses en étaient à ce point, lorsqu'un ecclésiastique (1) dit à une personne qui demandait à grands cris cette conversion : *Mettez cette médaille dans son lit et faites une neuvaine.* Le lendemain même de la nuit où cette médaille a été dans son lit, elle a demandé d'elle-même, par son propre mouvement, à se confesser. On a laissé mûrir cette inspiration de la grâce et le surlendemain, elle a dit : *Vous ne voulez donc pas me faire confesser!* Je l'ai confessée plusieurs fois depuis. On remarque même que son infirmité, mortelle d'après l'avis des médecins, s'en va et disparaît. Vive Marie! Le vrai et puissant secours des chrétiens.

Si vous le jugez à propos, communiquez cet alinéa à M. Des Genettes. Vous ajouterez que je lui recommande deux mille intentions particulières et puis le pasteur et son troupeau.

. . . .

J'ai l'honneur, etc.

GERIN, *curé de Notre-Dame.*

---

(1) On comprend quel était cet ecclésiastique.

Sixième Lettre.

Grenoble, le 26 octobre 1846.

Monsieur et cher Ami,

. . . .

Ayez la bonté de voir le Révérend Père de Villefort au Gesu, et, en lui offrant mon respect, de lui demander s'il n'a rien à vous remettre pour moi. Veuillez lui demander l'adresse de M. Paul Barola. Cet excellent ecclésiastique m'apprend qu'il m'a obtenu de précieuses indulgences pour ma société des domestiques, que vous connaissez. . . . . . .

. . . .

Il s'est passé le 19 septembre dernier un fait bien frappant dans notre diocèse, à la Salette, au-dessus de Corps, où est curé M. Mélin, mon ancien vicaire.

C'est la Sainte-Vierge qui a apparu à deux enfants, dont l'un âgé de onze ans qui s'appelle Germain (1),

(1) Maximin.

et l'autre de douze ans qui s'appelle Mélanie. Elle leur a dit qu'Elle a peine à retenir le bras de son Fils, qui s'appesantissait sur les hommes; qu'Elle priait beaucoup pour eux; que s'ils ne se convertissaient, ils seraient punis par la faim, et que les enfants mourraient de tremblement, et qu'au contraire les pommes de terre viendraient partout, que les pierres se changeraient en pain, si on revenait à Dieu.

Toute la France se préoccupe de ce fait surprenant.

Arrêtez-vous à Corps en revenant. M. Mélin vous racontera tout. Vous pourrez même voir ces enfants. Ils ont chacun un secret qu'il leur est défendu de dire.

Mille pardons de ma rapidité. J'aime mieux comme ça, que de ne pas vous écrire.

Agréez, etc.

GERIN, *curé de Notre-Dame.*

Septième Lettre.

Villette-Serpaise, le 2 octobre 1848.

Monsieur et cher Ami,

Je suis venu passer quelques jours de solitude auprès de M. le curé de Villette, mon frère. C'est ici que m'a été adressée, de Grenoble, votre honorable lettre du 23 septembre. J'ai renvoyé courrier par courrier la lettre incluse à M. Henri. La rumeur publique m'avait appris la maladie de votre fille. J'avais prié pour elle. Je remplirai toutes vos intentions pour cette chère enfant. J'ai déjà commencé. Je ne dois rentrer à Grenoble que dans une quinzaine de jours. Je suis bien en peine sur l'état de cette pauvre enfant. Je la couvre de bénédictions, et la mets toute dans le saint et immaculé cœur de Marie. Je désire bien qu'elle vous soit conservée pour votre consolation. Vous en avez tant besoin, mon cher monsieur Dausse.

J'avais tant dit à M. Rousselot, auteur du livre sur Notre-Dame de la Salette, d'envoyer de ses livres à

M. Des Genettes, à Paris, que je croyais la chose faite. Si, à mon retour, vous n'êtes point à Grenoble, j'exécuterai à cet égard de point en point ce que vous me faites l'honneur de me dire.

Il y a eu cette année à Notre-Dame de la Salette, à l'époque de l'anniversaire, un mouvement de quinze mille pèlerins. J'ai prêché trois quarts d'heure à dix mille réunis, sur les onze heures du matin. Le simple récit de tout ce qui s'est passé d'admirable sur cette sainte Montagne, leur a fait couler de bien douces larmes. Ce pèlerinage m'a rempli de consolation. Le beau Fait de la Salette fait le bonheur de ma vie. Il me semble être à la porte du Ciel, quand je puis y penser. Ce que vous avez la bonté de me dire de M. Ratisbonne me fait du bien et me donne de la confiance.

Je me recommande instamment aussi à vos bonnes prières et à celles de M. Des Genettes, j'en ai tant besoin.

J'ai l'honneur, etc.

GERIN, *curé de Notre-Dame.*

HUITIÈME LETTRE.

Grenoble, le 15 juillet 1857.

Mon bien cher Monsieur Dausse,

Votre lettre m'a fait autant de plaisir que vous en avez eu par la belle improvisation de M. de Beaugenet. Je vous en remercie mille fois. Nous nous disons souvent, M. de Taxis et moi : n'avez-vous point de nouvelles de M. Dausse, et nous répondons avec peine : *point.....*

Si Dieu nous conserve nous nous verrons au onzième anniversaire prochain. La Sainte-Vierge serait mécontente si vous ne veniez pas. M. l'abbé Des Garets, chanoine de Lyon, vient de faire un pèlerinage à Notre-Dame de la Salette. Il en est descendu le cœur plein de feu et de flammes. Il m'a demandé votre opuscule sur la Salette, je n'ai pu le lui procurer. Il combat comme un lion parmi beaucoup d'incrédules dont il est environné dans la ville de Lyon. Nous attendons d'heure en heure le livre ou le compte rendu d'un M. Sabbatier, sténographe, qui avait accompagné M. Jules Favre, à Grenoble, pour sténographier son beau plaidoyer en faveur de Mlle de Lamerlière. Les lecteurs pourront juger du *pour* et du *contre*, car tous les discours seront imprimés dans cet ouvrage. Vous êtes à la source. Je pense que vous pourrez vous le procurer facilement. Je mettrai dans cette lettre une belle guérison arrivée à Aubusson.....

Une pauvre fille du Midi avait promis d'envoyer toute sa fortune à Notre-Dame de la Salette si son frère, qui avait souvent et bien souvent résisté aux instances de sa sœur qui voulait le faire confesser (y consentait). Aussitôt après sa promesse, son frère a demandé lui-même un prêtre. Toute la fortune de cette fille consistait en la somme de soixante-dix francs qui ont été envoyés.

La ville abonde de pèlerins allant à la Salette. Tous les jours il y a beaucoup de prêtres qui disent la sainte Messe à la Petite Salette de Grenoble avant de monter sur la Montagne.

Dans les voitures publiques, dans les wagons, nombre de personnes, pareillement dans les campagnes le peuple, imbus des paroles mensongères du *Siècle* parlent contre la Salette. Mais la vérité est comme un torrent qui se fait un passage en tout lieu envers et contre tous.

Recommandez-moi aux prières du saint M. Des Genettes. Ma santé n'est pas bien. Veuillez lui offrir mon profond respect.

La famille *** a passé il y a quelques semaines allant accomplir un vœu à Notre-Dame de la Salette pour un enfant guéri. M*** y était aussi il y a peu de jours. Pareillement un député belge avec sa famille.

Dernièrement un Monsieur avait accompagné sa femme à la Salette par force et avec grande répugnance, bien résolu de ne faire là haut aucun acte de religion, pas même dans l'église. Cependant sa femme le pria d'assister avec elle au récit de l'Apparition fait sur les lieux par le Père Berlioz, lui disant que ce n'était pas là un acte de religion. Après le récit, le P. Berlioz interpella l'assemblée en disant : Si quelqu'un a des objections à faire, je l'engage à les faire. Le Monsieur répondit : faites imprimer, monsieur, tout ce que vous venez de dire par centaines et par milliers d'exemplaires, et jetez-les par toute la France. Il est descendu converti, confessé, communié, etc., etc.

Tout à vous en Notre-Seigneur et en Notre-Dame de la Salette.

GERIN, *curé de Notre-Dame.*

NEUVIÈME LETTRE.

Grenoble, le 8 février 1846.

Madame,

Vous m'avez fait l'honneur de me confier que votre cher malade, monsieur votre oncle, se tourmentait beaucoup devant l'acte si heureux du chrétien, je veux dire devant le divin échange de notre cœur avec celui de Dieu par la sainte communion. Il souffre, dites-vous, de n'avoir pas assez de mémoire pour trouver tous ses péchés. Après avoir fait déjà plusieurs confessions, il voudrait, il ne voudrait pas communier.

Je suis édifié, madame, de ces bonnes dispositions. Elles m'apprennent qu'il y a dans votre oncle chéri de l'étoffe plus qu'il n'en faut pour devenir un ange, un Saint.

Cependant ces dispositions doivent être dirigées par le confesseur, et soumises à son autorité qui est celle de Dieu même dans ces circonstances. Il n'y aurait ni salut, ni paix, ni repos possible pour quiconque au monde, pas même pour un Pape, sans cette autorité, qui est un des plus beaux présents que le Ciel ait fait à la terre. Or, nous enseignons comme ministres de l'église, que, pour faire une bonne confession, il suffit d'une bonne volonté ; que la rigueur du nombre mathématique des péchés, n'est non-seulement pas nécessaire, mais encore pas possible. Ici je ne parle que de ceux qui jouissent d'une santé parfaite, et non de ceux qui sont malades. L'Eglise est d'une indulgence encore plus grande pour ces derniers. Ses théologiens disent formellement qu'il ne faut pas les inquiéter pour l'exactitude de la confession de leurs péchés, qu'il suffit de les faire accuser de quelques péchés seulement, etc., etc. Il faut moins s'occuper dans une maladie grave d'énumérer ses péchés, dit Bossuet, que de dire à Dieu : *Couvrez-moi des mérites de votre divin Fils.*

En mon particulier, je suis bien convaincu qu'on obtient infiniment mieux le pardon de ses péchés par un abandon entier et plein de confiance à la bonté miséricordieuse de Dieu, que par une recherche contentieuse et inquiète de ses fautes. Je ne veux pas dire que cette exploration de la conscience ne doive pas avoir lieu, puisqu'elle est commandée et de Dieu et de l'Eglise. Mais je veux dire seulement qu'elle doit avoir lieu dans le sens divin et ecclésiastique. Or, Dieu ne lève pas une main de fer sur la tête du pécheur, ou du genre humain, en lui disant : *Tu es damné si tous les péchés que tu as faits, ne sont pas confessés sans l'omission d'un seul ;* mais il dit : *Apprenez de moi que je suis doux et humble de cœur ; venez à moi vous tous qui êtes chargés et qui souffrez, je vous soulagerai, je vous rendrai mon joug doux, mon fardeau léger, je donnerai à vos âmes le repos divin.* En chargeant sur ses épaules la brebis qui revient à lui, il veut lui épargner les fatigues du retour. Il voulait son cœur, elle l'a enfin donné, tout est fait, tout est pardonné, tout est oublié. Cette pauvre brebis appartient à la grande famille de Dieu, soit du Ciel, soit de la terre. Elle est aussitôt digne de l'immortalité bienheureuse, et du gage de cette immortalité, c'est-à-dire du corps et du sang adorable de Jésus-Christ. Et comment pourrait-il en être autrement, puisque déjà Dieu a versé dans cette âme un déluge de lumière, de bonté, de miséricorde, d'amour ! Il est tombé du Ciel dans cette âme quelque chose de plus abondant, de plus profond, de plus élevé, de plus ample en lumière, en feu, en bonté, en amour, que ce qu'il y a de chaleur et de lumière dans le soleil. En un mot, c'est Dieu lui-même qui est venu dans cette âme; c'est Dieu qui est venu la préparer pour aller à Dieu, pour être digne de Dieu. S'inquiéter alors, c'est déplaire à Dieu, résister au cours de ses bontés, écouter l'ennemi de Dieu, qui s'oppose à cette effusion de l'âme dans le sein de Dieu.

Dites donc, madame, à monsieur votre oncle de se réjouir beaucoup, de bénir avec effusion de cœur les miséricordes ineffables du Seigneur à son égard, loin de s'inquiéter et de s'attrister. Il n'est pas plus possible que les péchés qu'il a oubliés, qui ne sont pas venus à sa mémoire dans sa confession, ne soient pas lavés, purifiés, pardonnés, oubliés, qu'il est possible qu'une feuille de papier ne soit pas brûlée, entièrement détruite, quand une montagne de feu lui tombe dessus; qu'une dentelle précieuse qu'on a jetée au fond de la mer, ne soit toute imbibée de l'eau de la mer, soit pour les taches qu'on avait aperçues, soit pour d'autres taches bien plus nombreuses encore qu'on n'avait point découvertes. Le sang de Jésus-Christ a infiniment plus de vertu pour détruire, effacer, anéantir entièrement et parfaitement les péchés, que le feu et l'eau n'en ont pour détruire et pour purifier les objets qu'on expose à leur action.

L'Eglise, possédée de l'esprit de son divin Maître, n'a pas une conduite différente. Les hérétiques lui ont toujours reproché d'être trop bonne, trop indulgente. Ils n'ont pas pensé qu'ils la proclamaient la véritable mère des hommes, et qu'ils devenaient ainsi les prédicateurs de sa divinité. Ainsi, elle dit, dans le Concile de Trente, que la confession n'a point été établie pour torturer les consciences, mais pour les soulager, les consoler, les enrichir de la paix céleste. Ce qui ne serait pas vrai, s'il fallait se livrer à des impossibilités dans la recherche de ses fautes. Voici ce qu'écrivait saint Cyprien à saint Corneille, pape : Je souhaite que tous reviennent à l'Eglise, je remets tout, je dissimule, je n'examine pas en toute rigueur les fautes commises contre Dieu, je pèche presque moi-même par trop de facilité, j'embrasse avec joie et amour ceux qui reviennent avec repentir, et qui confessent humblement leurs péchés. Tous les autres docteurs de l'Eglise ont parlé dans le même sens.

J'ai l'honneur d'être avec un profond respect, madame,

Votre très-humble et très-obéissant serviteur.

GERIN, *curé de Notre-Dame.*

10e LETTRE. — A MONSIEUR DES GENETTES.

(M. Gerin lui décrit le premier anniversaire de l'Apparition sur la sainte Montagne de la Salette.)

Grenoble, le 24 septembre 1847.

Monsieur et vénéré Confrère,

Ainsi que j'avais eu l'honneur de vous le promettre, je vous envoie par un de mes amis une bouteille d'eau de la Salette. Je vous remercie de nouveau de toutes les bontés que vous avez eues pour moi. J'en conserverai toujours le souvenir. Je vous recommande de nouveau toute ma paroisse et bien des intentions particulières.

. . . .

Depuis que j'ai eu le bonheur de vous voir, Monsieur le Curé, vous, votre église, votre archiconfrérie, je suis allé le 19 septembre sur la Montagne de la Salette. Ça été un des plus beaux jours de ma vie. J'ai eu l'indicible bonheur de célébrer l'anniversaire (1) du jour à jamais mémorable de la présence visible et corporelle de la Très-Sainte-Vierge, dont nous avons parlé ensemble. J'ai eu la faveur insigne d'y célébrer la sainte Messe. Il y avait déjà trois jours que les chemins de la Salette gémissaient sous les pas de nombreux pèlerins. A plusieurs lieues de distance, les églises étaient inondées de pieux fidèles qui demandaient inutilement à se confesser; les hôtels, les voitures, les remises, tout était encombré et débordait de toute part. Dans la nuit du 18 au 19, il y avait sur cette montagne deux

(1) C'était le premier.

mille personnes, malgré une pluie battante, accompagnée d'orage, qui a duré six heures ; les parapluies ne pouvaient pas même être déployés. Cette multitude, pour se garantir du froid, s'est mise en carré, et en cet état elle a chanté toute la nuit les louanges de la Sainte-Vierge.

Il n'est pas même résulté de ce bivouac original le moindre rhume, le moindre refroidissement, la plus légère indisposition. J'ai vu depuis plusieurs personnes qui avaient été de ce nombre et qui avaient l'apparence de la santé la plus parfaite. La pluie a cessé à minuit, elle n'est plus revenue de toute la journée. Le sommet de la Salette était couronné d'un brouillard assez froid. Sans exagération, il y a de Corps à la Salette au moins dix kilomètres d'ascension. Le chemin était horrible par la pluie de la veille, sans parler de sa rudesse naturelle (1). Nous nous sommes mis en route vers les six heures du matin. Les pèlerins abondaient extraordinaire-

---

(1) On sait que Corps est à l'altitude de 900 mètres, et le lieu de l'Apparition à 1,800.

ment plus que les fils d'un cordon qui aurait été tendu sur cette ligne. J'ai reçu une large balafre à la jambe par une chute que j'ai faite à corps étendu, malgré toutes mes précautions. D'après mes antécédents à cet égard, je devais en avoir au moins pour plusieurs semaines. J'ai un compte sérieux à régler avec ma jambe, me disais-je le soir en me couchant. Mais, quel n'a pas été mon étonnement quand j'ai trouvé cette plaie entièrement cicatrisée. C'est la première fois de ma vie que j'ai été guéri de cette manière en pareille occasion.

Ce qui m'a vivement attendri dans cette ascension, c'étaient les chants des litanies, du petit office, des cantiques de la Sainte-Vierge, partant du cœur et de la bouche des hommes, des femmes, des jeunes gens, des jeunes personnes; la récitation du chapelet et d'autres prières à voix haute par un aussi grand nombre de personnes ; des montures chargées d'un père ou d'une mère tenant amoureusement autour d'eux leurs enfants, de pauvres mères marchant à pied en serrant tendrement contre leur sein de tout petits enfants, des personnes portées en palanquin, des infirmes de toute espèce. Enfin, arrivé sur la

Montagne sainte, nous avons vu avec ravissement un vrai campement d'Israël. Des groupes de toute part, assis à côté de leurs montures.

Deux ou trois hommes m'ont fort obligeamment frayé, à travers une foule compacte comme une pierre, un passage pour arriver à la chapelle de planches, où était un autel double pour deux messes à la fois. Entraîné par le torrent de la foule, séparé de mes guides, livré entièrement à la disposition de cette foule, un moment je me croyais perdu, et je ne sais comment je suis arrivé au pied de l'autel. J'ai eu le bonheur d'y dire la sainte messe pour toute ma paroisse. Des prêtres donnaient tour à tour la communion aux fidèles. Mais cette foule a empêché beaucoup de prêtres de célébrer la sainte messe et un grand nombre de fidèles de communier. Il y a même eu un moment où l'on ne pouvait plus répondre de la vie des pèlerins qui étaient là. On a été alors dans la douloureuse nécessité d'interrompre le saint sacrifice de la messe deux heures avant le terme final fixé par Monseigneur, c'est-à-dire à onze heures. On m'a donné à peine le temps de faire mon action de grâces. M'étant revêtu d'un rochet et d'une étole, pour détourner la foule des environs de la chapelle où le danger était le plus grand, plusieurs ecclésiastiques vigoureux m'ont fait traverser, non sans peine, la combe, au milieu d'une population immense, et m'ont conduit sur le versant opposé. Précaution inutile, le danger était toujours le même près de la chapelle. J'étais presque regardé comme un Pape, au milieu de cette masse d'enfants de Marie. Un nombre immense de croix, de chapelets, de médailles, m'étaient mis sous les yeux pour avoir des indulgences. Enfin, nous nous sommes arrêtés. Un ecclésiastique du voisinage de Grenoble (M. Sibillat), autorisé par Monseigneur, a donné une bonne instruction qu'il avait préparée. La prière, la sanctification du dimanche, l'horreur du blasphème, en ont été le sujet. L'orateur a parlé demi-heure; mais, désavantageusement placé, il a été peu entendu. A la fin de cette zélée instruction, nous avons prié pour les pèlerins, pour Monseigneur, pour le diocèse, pour toute la France. A ces prières ont succédé les chants du *Salve Regina*, du *Magnificat*, du *Sub tuum*, du cantique *Bénissons à jamais*. Pendant le *Magnificat*, le nuage, qui était jeté comme un voile sur l'immense multitude, s'est levé comme par enchantement. C'est alors que j'ai été témoin du plus beau spectacle que j'aie jamais vu de ma vie. J'avais sous mes yeux soixante mille personnes. Tous chantaient ensemble. D'abondantes larmes, plus douces que le miel, coulaient des yeux de tous ces enfants de Marie. Jamais je n'ai vu un pareil spectacle, ni à Lyon à l'arrivée des Bourbons au retour de l'exil, ni à l'apparition de Bonaparte revenant de l'île d'Elbe, ni à Notre-Dame des Ermites à l'anniversaire de la consécration miraculeuse de ce sanctuaire, ni à Rome à la prise de possession de Saint-Pierre par Pie IX. Et cependant à peine y avait-il là les deux tiers des pèlerins. Comme on avait commencé à dire des messes sur la Montagne à trois heures, on en descendait depuis trois heures et demie du matin. Plusieurs hommes de l'art, sans s'être entendus ensemble, ont porté au nombre de plus de soixante mille cette population si édifiante, sans y comprendre le mouvement incessant d'une autre foule qui montait et descendait. Ce qui a été en tout, pour cette mémorable journée, un mouvement de cent mille pèlerins. Il était midi, le peuple demandait encore qu'on prêchât ; en montant sur le toit d'une cabane, pour être aperçu de la foule, je me souvins que j'étais à jeun, que les forces me feraient défaut. Après avoir pris à la hâte quelque chose, je parlai demi-heure à cette multitude affamée de la Sainte-Vierge. Mieux placé que le prédicateur du matin, j'étais mieux entendu. Des larmes d'amour coulaient des yeux de ces pieux pèlerins, pour lesquels je me sentais une affection sans pareille. Le soir, la belle église de Corps, bâtie par les Bénédictins, était remplie de pèlerins. Nous y avons encore parlé de l'amour de Marie, à la satisfaction de tous ces enfants de Marie. On fait sur la Montagne un octave de messes et on y accourt encore avec empressement de toutes parts.

J'ai l'honneur d'être avec respect, Monsieur et vénéré Confrère, votre très-humble et très-obéissant serviteur.

GERIN, *curé de Notre-Dame.*

Le jour où M. Gerin fut ordonné (le 16 juin 1821), il écrivit à ses parents une lettre qui leur exprimait toute sa reconnaissance. Cette lettre était tellement belle, qu'on l'arrachait de leurs mains. Tout le monde voulait la lire et personne ne songea à en garder copie ! C'est ainsi qu'elle s'est perdue. Quel dommage !... Hélas ! trop souvent pareilles fautes se répètent ! On apprécie trop tard à sa valeur tout ce qui nous rappelle les Saints, et le bonheur, la grâce insigne d'en avoir connus.

CHAPITRE VII.

Mots et Faits divers.

Les Saints, comme les hommes de génie, ont un langage et des mots à eux, lumineux et inimitables. Mais ce privilége est plus grand pour les premiers, parce que leur vue est plus sûre et plus pénétrante. Dieu ne donne qu'aux Saints la claire-vue des choses et même des cœurs ; Son Esprit ne parle guère que par leur bouche.

J'ai déjà attribué ce don des mots inspirés à M. Gerin, surtout au confessionnal, sans en fournir assez la preuve, vu la difficulté d'y réussir et le secret du confessionnal que le pénitent peut seul rompre et garde d'ordinaire. Peut-être ici serai-je un peu plus heureux.

Un soir, nous causions entre amis; quelques-uns n'aimaient guère M. Louis Veuillot, mais savaient M. Gerin d'un autre sentiment. *Oh!* fit l'un d'eux, néanmoins : *il est par trop méchant!* — *Que voulez-vous*, répondit de rechef M. Gerin, avec sa douceur habituelle et une finesse charmante : *Il est comme l'abeille qui laisse son dard dans la plaie.*

Une autre fois, il s'agissait du vénérable M. Des Genettes, et quelqu'un dit tout haut : *c'est le père des pécheurs;* et — pour provoquer M. Gerin, qui était là et qu'on pouvait bien appeler, lui, la mère des pécheurs, — on se permit d'ajouter : *C'est un grand Saint, mais un peu bourru.* — *Mel de petrâ,* répartit à l'instant M. Gerin. Il l'aimait comme il aimait le curé d'Ars.

Les deux réponses que je viens de rapporter me semblent bonnes à mettre sous les portraits de MM. Louis Veuillot et Des Genettes : elles portent le cachet de leur ami.

Le 16 janvier 1851, M. Gerin prend à part Maximin et le soumet à un examen sévère au sujet des faits d'Ars. Au moment le plus serré, le plus pressant de l'entretien, un cheval passe au galop dans la rue : l'enfant court à la fenêtre et y demeure. On le croirait tout à cette distraction : eh bien non, car il continue à répondre aussi vite, aussi net, aussi juste qu'auparavant !... M. Gerin, pour le sonder, passe du ton grave au ton gai en parlant du saint curé d'Ars, Maximin fait de même avec aisance !... Or, si sa prétendue rétractation dans la sacristie d'Ars, qui a fait tant de bruit, avait eu lieu, cela eût-il été possible ?... Aussi, M. Gerin, le lendemain 17 janvier, en me contant cette scène, qui l'avait frappé, ne put-il s'empêcher d'ajouter : « Le singulier enfant, il est bien toujours le même, *portant un diamant comme si c'était une tête de clou !* »

Voici maintenant le portrait que M. Gerin nous a fait, à M. le chanoine de Taxis et à moi, le 7 novembre 1855, du saint curé d'Ars :

« C'est un homme qui a parfaitement correspondu à la grâce. Il était appelé au sacerdoce, mais s'en croyait incapable et indigne. On lui donne un petit poste de trois cents âmes, il lui paraît beaucoup trop.

Ne sachant parler, il va demander à saint François Régis, à la Louvesc, le don de catéchiser : il est exaucé. Il vit dans une vraie misère, mangeant des pommes de terre qu'il fait cuire lui-même, pratiquant des austérités effrayantes : mais son humilité, ses pénitences, ses prières, son union continuelle avec Dieu, en font un homme incomparable à aucun autre des temps modernes, un autre Jean-Baptiste, dont il avait du reste reçu les noms au baptême. Il convertit tous ceux pour qui il intercède. Les populations se mettent en mouvement, on accourt de partout, et cela n'a jamais cessé de croître. C'est un homme au-dessus de tout ce qui est de la terre, parfaitement, complétement, et je remarque que le *Siècle* ne s'attaque jamais à lui. »

Ma mère et ma sœur ont eu le bonheur d'être servies très-longtemps par une fille vraiment sainte, dont toute l'ambition a été de faire un prêtre d'un neveu pauvre et pieux, et elle y est parvenue. M. Gerin dirigeait cette fille et l'estimait singulièrement. Sa dernière maladie la surprit à la campagne. Je lui amenai son saint directeur. Elle n'avait plus qu'un souffle de vie, mais conservait toute sa tête. Après l'avoir confessée et bénie, M. Gerin me dit avec admiration : *Elle a encore des volontés d'acier, cette mourante !...* Le lendemain je la voyais s'endormir dans le Seigneur avec sa pleine intelligence dans le regard jusqu'à la fin (1).

Dans l'un de ses pèlerinages, en compagnie du père et de la mère d'une petite fille que M. Gerin avait arrachée à la mort (2), la pieuse et reconnaissante mère demande au saint curé : comment il faut prier pour être exaucé ? — *Quand votre fille vous*

---

(1) Un soir, ajouterai-je ici en l'honneur de cette nouvelle Zite, en causant avec une autre fille, la conversation les distrait toutes deux de leur couture ; la sainte fille s'en apercevant, dit bien vite à sa compagne : nous venons de faire tort à nos maîtresses, prolongeons le travail au double pour réparation et pénitence. Jamais on n'aurait su cela sans cette compagne, qui demeura frappée de cet acte de rare vertu.

(2) Qu'il me soit permis de mettre ici une fois de plus en demeure ces pieux parents de la miraculée, de publier en détail sa guérison et tous leurs souvenirs sur M. Gerin !

demande quelque chose, répond-il, *le lui refusez-vous?... Eh bien, dites cela à la Sainte-Vierge.*

Je passais souvent, avec le vénérable chanoine, M. de Taxis, une partie de la soirée chez M. Gerin. Le 1er septembre 1858, le saint curé venait de confesser une vieille pécheresse de quatre-vingt quatre ans et devait l'administrer le lendemain. Son succès, dans un cas si difficile, le fit rire comme un bienheureux en nous racontant son procédé. *Oh! que vous avez d'esprit et de pénétration dans les yeux*, lui dit-il en l'abordant : *Vous devez joliment savoir ce que c'est que le bien et le mal!... Aussi quelle bonne confession vous allez faire!...* Cétait une inspiration d'en haut, qui gagna sur-le-champ la pauvre femme : il était temps!

J'ai entendu dire à M. Gerin, dans une instruction, ce qui suit, à propos des guérisons opérées sur la sainte Montagne, par l'eau de la source miraculeuse :

« Si un médecin de la terre faisait de pareilles cures, le monde entier courrait à lui : c'est la Sainte-

Vierge, on ne veut pas y prendre garde!... Oh! la belle civilisation qui *anifie* les hommes ! »

Une fois, devant lui, on donnait à une chute grave, à un scandale, une excuse par trop païenne. Il coupa court, en disant : « *Ah! de grâce, ne faites pas un piédestal au démon!* »

La cure de la Cathédrale n'est pas, tant s'en faut, des plus faciles à gérer. J'en ai déjà dit quelque chose; le mot de M. Gerin que je vais rapporter, me réduit à m'expliquer un peu plus ici. L'Evêque, par zèle et habitude, peut s'en mêler un peu trop. Le chapitre, du moins, fait cela souvent, et non sans donner de rudes embarras au curé. Un jour, dans un conseil réuni à l'évêché, la mesure était tellement comble, que le bon M. Gerin, qui d'ordinaire en pareil cas se taisait, ne put contenir cette parole émue : *On me prend donc pour le curé de Villard-Reculas* (1)!... Cette fine réplique, j'ai hâte de le dire, suffit pour arrêter court le débat.

---

(1) L'une des paroisses le plus haut perchées de l'Oisans et la moindre du diocèse : elle a cent soixante-quatre habitants.

On a vu dans l'un des récits précédents que M. Gerin, mal accueilli par un mourant, fit mettre une médaille miraculeuse sous son chevet. Il en portait toujours sur lui et en faisait un fréquent usage dans l'exercice de son saint ministère (1). Aussi certains confrères, de foi un peu courte — incrédules, bien entendu, à l'Apparition de la Salette, — ne se gênaient-ils guère pour l'appeler le *curé médaille.* M. Gerin les a laissé dire et n'a rien changé à sa pratique, dont il recueillait abondamment les fruits merveilleux.

Il y a déjà plusieurs années, mais on s'en souvient assez, un magnétiseur passa à Grenoble, ayant à l'ordinaire pour *médium* une jeune fille. On ne parlait alors de rien tant que de tables tournantes et de magnétisme. Nombre d'ecclésiastiques, et des plus savants et plus haut placés — ces mêmes opposants à l'Apparition de la Salette dont j'ai dit un mot tout à l'heure, — voulurent voir par eux-mêmes

(1) Souvent en prêchant il la tenait à la main.

les phénomènes annoncés. M. Gerin fut vivement pressé de se joindre à eux : il refusa, et puis..., et puis on l'a vu rire, sous cape, de la curiosité de ses confrères, lesquels n'aimaient guère qu'on leur rappelât leur pas d'école. Je tiens de M. Gerin que ce magnétiseur mit un trouble irrémédiable dans plusieurs ménages, tranquilles jusque-là.

Son homonyme, M. le curé de Saint-André de Grenoble, ayant été proposé pour le siége d'Agen par le gouvernement impérial, en 1867, alla à Paris voir le nonce, Mgr Chigi, qui lui demanda s'il était parent du curé de Notre-Dame : « Mort en odeur de sainteté, » dit Son Excellence.

Je viens de lire, à la fin de l'éloge de M. Mérimée par M. de Loménie, que, malgré tout son éminent esprit, toute la culture qu'il lui a donnée, tous les fruits si vantés qu'il en a tirés ; malgré ses succès si précoces et si constants, et la fortune et la grandeur qui lui sont venus à souhait, et malgré même sa lignée prétendue, *M. Mérimée n'a pas été un homme heureux*. Je le crois bien, il était voltairien.

Né de parents artistes, sa mère ne l'avait pas fait baptiser!...

Quoiqu'il en soit, M. Gerin, lui, a été un homme heureux, parce qu'il n'a jamais voulu que se rendre saint et sanctifier les autres. Son bonheur se voyait sur sa figure et rayonnait pour ainsi dire de toute sa personne : aussi était-ce à qui l'aurait.

Un jour, il dîne en gala officiel chez le procureur général. Il y avait là surtout des magistrats, et du sérieux à l'avenant. Ça n'allait pas à M. Gerin. Aussi le voilà qui se met à causer, à voix basse, mais à cœur ouvert, avec ses voisins. Il les égaye, il rit bientôt lui-même comme un enfant et ne cesse plus. C'était à petit bruit; mais, à défaut d'autre, tous les convives y prennent garde de plus en plus, cette sainte joie, sans doute, leur faisant envie à tous. Bref, ce fut l'événement du repas, si bien que, au café, on se disait de tous côtés : est-il heureux ce bon curé de Notre-Dame!... Il avait en riant gagné tous les cœurs. Tel avait été là son moyen de conquête. Partout et toujours il usait du plus efficace, qui lui était certainement inspiré, car il ne cessait jamais un instant d'être apôtre. Je sais même que le retour à Dieu de l'un des convives, de qui je tiens le récit que je viens de faire, data de ce dîner : il avait été fort égaré jusque-là.

On le voit, M. Gerin portait partout la bonne odeur de Jésus-Christ et le feu de sa charité.

Ignem veni mittere in terram, et quid volo nisi ut accendatur (1) ?

Ce que le divin Maître est venu faire sur la terre, son disciple l'a voulu et l'a réellement fait partout. Il n'a employé qu'à cela les grands dons naturels dont il était doué et qu'il avait admirablement développés, et toute sa science et toutes ses vertus vaillamment acquises : je pense en avoir assez dit maintenant pour montrer en lui un homme supérieur à tout égard. Ce n'est pas que j'ignore — comment ne pas insister un peu sur ce point? — qu'il a été méconnu par

---

(1) Luc XII, 49. Je suis venu mettre le feu sur la terre, et que veux-je sinon qu'il soit allumé ?

plusieurs, qui critiquaient ses instructions dénuées de tout apprêt et pleines parfois de cris et de sanglots en dehors des règles. Mais il est des critiques qui sont un hommage de plus, et M. Gerin avait bien ses raisons de ne pas prendre garde à celles-là et de continuer sans rien changer à sa manière simple et animée, et à ses pratiques, le bien immense que ne faisaient pas ses jaloux.

S'il n'a jamais songé à soi en parlant, catéchisant, prêchant, je pense avoir assez mis en évidence à présent, le sel, la finesse, la grâce de son esprit, de son style, et l'éloquence et la puissance de sa parole inspirée. La rapidité de ses premières études a été étonnante. Sa mémoire l'était aussi. Il savait tout saint Paul par cœur ; les méditations et le travail auxquels il s'était livré pour le comprendre à fond, lui avaient acquis une profonde connaissance du latin. Lui, si humble et si attentif à se cacher, au lieu de chercher jamais à paraître, il lui est arrivé parfois, en compagnie de lettrés, de citer Virgile et même Horace avec un à propos charmant, et d'ébahir ses auditeurs. Aucun d'eux n'a pu l'oublier.

On dit dans le monde que, à moins d'y avoir été

de bonne heure, on pèche toujours plus ou moins par les manières, et que ce défaut de première éducation reste toujours sensible. Je crois qu'il faut faire exception au moins pour les Saints. Comment ceux qui voient le fond des âmes et se consument à les diriger, pourraient-ils être inférieurs en quoi que ce soit? Le fait est que M. Gerin, ce fils d'un pauvre tailleur, m'a toujours paru, à moi, supérieur à tout ce qui l'entourait; sans doute d'une supériorité particulière et autre que ce qu'elle eût été s'il fût né dans la noblesse : mais non moins réelle et non moins remarquable. J'ai cité tout à l'heure un dîner d'apparat où il fut seul à rire : qui osera dire que ce rire, en dehors de la magistrale étiquette, ce rire d'une âme pure, qui ne songeait jamais qu'à faire l'œuvre de Dieu, et qui fit envie à tous, n'était pas de bonne compagnie et que la grâce qui rayonne ainsi des Saints n'est pas supérieure au plus bel usage du monde?

Qu'il me soit même permis d'ajouter que ce même fils de tailleur, sans qu'il y parût, voyait très-bien les moindres petites bévues des gens les plus raffinés. Il dîne un jour à la campagne, avec un ami, chez de nobles et excellents amis, où se commet une de ces petites maladresses irréfléchies qui échappent parfois aux plus habiles... En s'en allant et causant avec son compagnon, celui-ci relève la chose, et M. Gerin de répondre : « *Prudentia autem spiritus, vita et pax*... (1). » Que voulez-vous, il y a eu là un peu manque de cet esprit de sagesse au profit du démon, qui leur a causé cet embarras, et nous fait faire un *cancan*.

Je finis ce chapitre des *mots et faits divers* par ce petit cancan de M. Gerin.

(1) Rom., VIII, 6.

CHAPITRE VIII.

Les incidents d'Ars et Lamerlière

Avec quelques mots sur les secrets des enfants de la Salette.

I. — Incident d'Ars.

Trois jours après le quatrième anniversaire de l'Apparition de la Salette, le 22 septembre 1850, trois riches pèlerins, partisans d'un prétendu Louis XVII, alors à Lyon, à force de belles paroles données au tuteur de Maximin, âgé de quinze ans, parviennent à l'emmener de Corps. Arrivés à Grenoble, non-seulement ces messieurs se passent de la permission du vénérable Evêque, qui a pris le pauvre orphelin sous sa protection et doit le placer à ses frais, à la rentrée prochaine, dans l'un de ses petits séminaires ; mais ils enfreignent la défense formelle de Sa Grandeur, en entraînant l'enfant, à Lyon d'abord, où la visite au soi-disant roi leur inflige un premier mécompte ; puis à Ars, sous prétexte de consulter le saint curé sur la vocation du petit missionaire de la Sainte-Vierge. Arrivés-là, vers la fin du jour, ils vont au vicaire et veulent avoir accès le soir même auprès du curé ; mais leur insistance est vaine, le vicaire renvoie la présentation au lendemain. Fervent incrédule à l'Apparition, il tient à entretenir préalablement les visiteurs et à préparer son supérieur, et d'emblée il traite Maximin avec rudesse, allant jusqu'à lui dire : *tu es un menteur, tu n'as rien vu, mais on ne trompe pas M. Vianney.* L'enfant blessé répond : *Eh bien soit, je suis un menteur, je n'ai rien vu*, et cette réponse, qu'il a faite à bien d'autres bourrus et incrédules, est rapportée et commentée par le vicaire, avant l'audience, on n'en peut douter.

Le lendemain matin, après la messe du saint curé, le vicaire lui amène en effet Maximin, dans cette petite sacristie, pieusement conservée, où tant de bien a été fait. Les personnes qui s'y trouvaient sortent, le bon Saint vient à l'enfant, en lui recommandant d'être bien sage ; celui-ci se met à genoux, fait le signe de la croix et, sans dire le *Confiteor*, s'accuse d'avoir désobéi à son Evèque, d'avoir fait fâcher le curé dė Corps et d'avoir menti. M. Vianney répond aussitôt on ne sait quoi ; sa voix est si faible, que Maximin entend seulement ce qui lui est dit avec plus de force : de retourner dans son diocèse et de choisir là un bon confesseur. C'est-à-dire que M. Vianney, sur les aveux du petit désobéissant, le renvoie sur-le-champ à son Evêque, sans vouloir même le confesser. Toutefois, sur la porte déjà ouverte de la sacristie, il lui dit encore : *Tu as donc vu la Sainte-Vierge ?* — *Non*, répond l'enfant ; non, auquel il aurait ajouté, il me l'a affirmé, qu'il n'avait jamais dit avoir vu la Sainte-Vierge, mais une belle dame. Cette explication n'a-t-elle pas été entendue? Je l'ignore, ce qu'il y a de sûr c'est que tout cet entretien a été très-court.

Les conducteurs de Maximin, qui l'attendent dans la foule, l'interrogent bien vite et apprenant que M. Vianney s'est borné à le renvoyer à Grenoble, ils sont déconcertés et veulent un second entretien. Le saint curé était allé derrière le maître autel, pour confesser des hommes. On y pousse Maximin, et son tour venu, il n'obtient que la répétition laconique de l'avis formel qui lui a été déjà donné.

Ramené à Lyon, à l'hôtel du *Parc*, M. le chanoine Bez, que Maximin a connu à Corps, survient là par Providence. L'enfant se jette dans ses bras et ne veut plus le quitter. Ses ravisseurs l'y laissent et s'esquivent (1). Quant à M. Bez, informé de tout par Maximin, il le place dans un bon pensionnat à Ecully, et lui fait prendre le nom de Joseph Bez, pour que la curiosité publique ne continue pas à lui rendre toute étude suivie impossible. Mais ses tuteurs et Mgr de Bruillard veulent qu'il revienne à Grenoble, et m'ayant prié de l'aller chercher, je le ramène, en effet, le 21 octobre ; Monseigneur lui pardonne son escapade avec une bonté de mère, et je le conduis le 23 au Petit Séminaire du Rondeau.

Voilà succinctement, mais fidèlement, tout ce que je sais de l'incident d'Ars, ayant interrogé à fond Maximin, dès qu'il me fut remis. Il m'aimait beaucoup, et je le connaissais trop pour qu'il ait pu me tromper. *Tarabusté* comme il l'avait été par le vicaire,

(1) Non sans remettre cent francs à Maximin en le quittant.

suivant l'expression du vénérable Mgr Devie (1), a-t-il fait dans la sacristie quelque mensonge en vue d'éprouver la pénétration du Saint? Je n'ai pu tirer de lui un seul mot à l'appui de cette supposition. Tout ce que j'ai pu lui faire dire sur ce point, c'est ceci, et ça été sa conclusion : *M. le curé d'Ars avait le diable dans l'oreille quand je lui ai parlé. — Et toi tu l'avais sur la langue*, lui répondis-je, réponse qui fit venir sur son mobile visage un sourire d'assentiment.

L'incident d'Ars a été examiné amplement et jugé par Mgr Ginoulhiac dans deux actes lumineux (2), et par M. l'avocat Nicolas dans un ouvrage qui n'a pas été réfuté (3). Si je me suis permis d'y revenir, comme témoin accessoire, c'est qu'il me semble

---

(1) *Le curé d'Ars et la Salette*, par M. l'abbé Des Garets, chanoine de Lyon, p. 42.

(2) *Instruction pastorale* du 4 novembre 1854, et *Lettre-Circulaire* du 19 septembre 1857.

(3) *La Salette devant la raison, et le devoir d'un catholique*, 2e édition, 1857.

qu'on ne peut trop démasquer, ne fût-ce que par égard pour leurs dupes, les personnes qui continuent à travestir à leur gré cette aventure.

Je dois ajouter que Mgr de Bruillard ayant envoyé MM. Rousselot et Mélin à Ars, en novembre 1850, pour avoir du saint curé une explication que Sa Grandeur n'avait pu obtenir par lettres, ces Messieurs rapportèrent que Maximin aurait avoué *n'avoir rien vu;* ce qui donna lieu de la part de l'enfant aux protestations les plus énergiques. Voici entre autres la lettre qu'il adressa à M. Vianney le 21 novembre 1850 (1) :

« Monsieur le curé,

» Vous venez de dire à M. le chanoine Rousselot et à M. le curé de Corps, que je vous avais avoué n'avoir rien vu et avoir menti en faisant mon récit connu, et avoir persisté trois ans dans ce mensonge en en voyant les bons effets.

---

(1) Cette lettre a été publiée, en 1851, dans la brochure de M. le chanoine Bez : *M. Vianney, curé d'Ars, et Maximin Giraud,* etc., p. 29.

» Vous avez ajouté, Monsieur le curé, que m'ayant demandé l'autorisation de faire part de ces aveux à Mgr de Belley et mon adresse pour pouvoir m'écrire, s'il y avait lieu, je vous ai donné cette autorisation et cette adresse, et puis qu'un instant après j'ai retiré l'une et l'autre.

» Ce rapport, qui m'est dicté par M. le chanoine Rousselot, prouve que je n'ai su me faire comprendre de vous, Monsieur le curé, et, permettez-moi de vous le dire en toute sincérité : qu'il y a eu malentendu complet de votre part.

» Je ne vous ai point voulu dire, Monsieur le curé, et jamais je n'ai dit sincèrement à personne, *n'avoir rien vu* et avoir menti en faisant mon récit connu et avoir persisté trois ans dans ce mensonge en en voyant les bons effets.

» Je vous ai dit seulement, Monsieur le curé, en sortant de la sacristie et sur la porte, que j'ai vu quelque chose et que je ne savais pas si c'était la Sainte-Vierge ou une autre dame. Dans ce moment vous avanciez dans la foule et notre entretien a cessé. Peu après on m'a renvoyé près de vous, derrière l'autel, où vous confessiez un homme, pour vous demander de nouveau si je devais retourner dans mon diocèse ou rester à Lyon, et vous avez ajouté quelques paroles que je n'ai pu comprendre.

» Mais je ne vous ai aucunement entendu parler de Mgr de Belley, ni me demander mon adresse, et je suis certain de ne vous avoir donné ni cette adresse ni l'autorisation d'écrire à Mgr de Belley.

» Je fais et écris cette déclaration en mon âme et conscience et je m'abonne à être chassé du Petit Séminaire où je me trouve très-heureux, et même à tout souffrir, si cette déclaration est en quoi que ce soit contraire à la vérité.

« Grenoble, 21 novembre 1850.

» Maximin GIRAUD. »

Le malentendu dont Maximin accuse M. le curé d'Ars, un chanoine de Lyon, M. Des Garets, ami du saint évêque de Belley, Mgr Devie, l'a constaté en 1860 dans l'alinéa suivant de son ouvrage intitulé : *Le Curé d'Ars et la Salette* (p. 42 à 48) :

« Six mois avant sa mort (du curé d'Ars), me trouvant à Ars avec Sa Grandeur, je lui demandai si

Elle avait causé avec M. le curé de la visite de Maximin. Sur la réponse négative de Monseigneur, je laissai paraître mon étonnement. Alors Monseigneur me dit : « Le bon curé n'est pas compétent dans cette affaire. *M. Raymond avait tarabusté l'enfant, on ne sait pas ce qui peut lui avoir passé par la tête ; le curé n'est pas compétent.* » Et, dans le fait, il le regardait comme si peu compétent qu'il n'avait pas même cru devoir lui en parler. Au reste, Mgr Devie avait tenu le même langage à plusieurs personnes. Peu de jours après l'incident, Sa Grandeur avait dit à un Père Mariste : « La chose qui s'est passé à Ars n'est qu'une épreuve et une tempête suscitée par le démon ; le Fait de la Salette en ressortira plus éclatant. » Et deux mois avant sa mort il répétait ce qu'il avait dit souvent : « *Je n'attache aucune importance à ce qui s'est passé à Ars. M. le Curé d'Ars n'est pas compétent pour juger un fait si grave : du reste il n'a entendu qu'un des témoins.* »

« A cela on peut ajouter encore que « un grand théologien, le R. P. M***, disait à ses confrères :

L'incident d'Ars n'est qu'une taquinerie du diable. (1). »

Maximin s'était permis de me dire, avec son franc parler ordinaire, encore ceci : « *On voit bien que les Saints sont des hommes et qu'ils se trompent comme les autres.* » On va voir qu'il avait raison, et que Mgr Devie avait été prophète, ce qui ne peut surprendre.

Le 18 septembre 1861, je conduisais ma fille aînée à la sainte Montagne, dans la compagnie de M. Gerin. A la longue montée de Laffrey, un jeune homme, avec nous dans la voiture, se mit à parler en esprit fort de l'incident d'Ars. M. Gerin n'y tint pas et nous raconta ainsi sa dernière visite au curé d'Ars.

» En me voyant venir (le 11 octobre 1858), il m'ouvrit ses bras et me dit : « Ah! combien j'ai été longtemps comme dans un désert aride! Que j'ai souffert dans le doute!... Je n'y avais point de paix !... Mais l'épine est ôtée. J'ai demandé des signes et j'en ai eus. Je crois donc bien à présent et je le déclare en toute occasion. »

---

(1) *Un nouveau sanctuaire*, p. 143.

M. Gerin a répété maintes fois cette assertion et elle a été publiée de son vivant plus au long (1). Il avait donc bien eu raison d'écrire à M. Vianney ce qu'on a lu à la page 111.

Mgr de Langalerie, successeur de Mgr Devie sur le siége de Belley et aujourd'hui archevêque d'Auch, venu peu auparavant à la Salette, y avait dit à de nombreux pèlerins, rassemblés autour de lui à la Fontaine miraculeuse .

On ne peut rester ici chrétien comme on l'était, on sent qu'il faut l'être plus vrai et autre (2).

---

(1) *Le curé d'Ars et la Salette*, p. 53 à 55.

(2) Ceci me rappelle le propos d'un missionnaire du caractère de M. Gerin ; il disait : « Quelle misère inconcevable c'est d'être chrétien comme on l'est aujourd'hui !... Si l'on savait le bonheur qu'il y a de l'être tout à fait, personne ne pourrait l'être autrement !... Si même on savait le bonheur qu'il y a d'être martyr, tous les chrétiens, comme les Apôtres, voudraient l'être !... »

Un autre vaillant missionnaire, Mgr Verroles, décrivant un martyre à Saint-Paul-Saint-Louis, à Paris, nous disait :

« Tant que le patient n'a pas pleinement accepté les coups de rotin qui meurtrissent son corps, sa figure et tous ses membres

Et M. le chanoine Mélin, alors curé de Corps, recueillit de la bouche de Sa Grandenr, à propos du curé d'Ars et de l'erreur où l'avait jeté son malentendu avec Maximin, ces paroles, que j'ai notées le jour même où M. Mélin me les avait redites :

« *J'étais son évêque et son ami, il est mort dans*

---

expriment d'indicibles, d'intolérables tortures: sitôt, au contraire, que l'acceptation est parfaite, le martyr est transfiguré et il n'y a plus pour lui que jubilation extatique évidente. »

L'Evèque, confesseur de la foi, avait vu sinon senti cela, et c'est pourquoi il le faisait si éloquemment comprendre, que pas un de ses auditeurs n'oubliera jamais son récit.

Mais il faut, qu'il soit permis de le redire, cette pleine acceptation. Aussi, dans la terre de Moriah, sur la montagne du sacrifice, l'ange du Seigneur ne se fit-il entendre à Abraham que lorsqu'il eut le bras levé sur son cher Isaac.

Un seul martyr a été tout à fait abandonné, Celui qui s'écriait sur la croix : *Deus meus, Deus meus, ut quid dereliquisti me* (1)? et qui a voulu néanmoins, le pouvant, et son Père y consentant, prolonger à l'excès miraculeusement son martyre, afin de souffrir infiniment pour nous ; car son horrible flagellation, à elle seule, eût arraché la vie à tout autre homme.

(1) Mat., 27-46.

mes bras (1), *en me déclarant sa foi à l'Apparition de la Salette. Il m'entend du haut du Ciel et ne me démentira pas.* »

Ainsi l'incident d'Ars a abouti, conformément aux prophétiques paroles de Mgr Devie, à une preuve de plus, et du premier ordre, de la vérité de l'Apparition. Il est venu d'un malentendu que le démon a fait naître de la désobéissance de Maximin, de la faute plus grave de ses ravisseurs, de l'incrédulité sans mesure du vicaire et de l'extrême faiblesse de la voix du saint curé, qui n'avait point grâce d'ailleurs pour juger du fait en question, advenu, non-seulement hors de sa paroisse, mais hors de son diocèse, et que, de plus, il avait préjugé trop vite et sous une influence qui eût dû, au contraire, lui faire prendre du temps. Plus cette Apparition devait servir au salut des âmes, plus le saint curé en sauvait tous les jours, et plus en effet le démon a dû déployer sa redoutable habileté en saisissant l'occasion qui lui était offerte.

(1) Le 4 août 1859.

II. — Quelques mots au sujet de l'envoi des secrets des enfants de la Salette au Saint-Père.

Déjà hélas! à Lyon, on n'avait que trop donné prise au démon : qu'il me soit permis de revenir aussi sur ce fait, d'autant plus que le nom vénéré de M. Gerin reparaîtra encore ici et qu'il sied, je crois, de mettre le motif de l'Apparition de la Salette au-dessus de toute autre considération.

Le bruit qu'elle faisait avait mis, on s'en souvient, tout Fourvières en émoi. Même chose, soit dit en passant, arrivait au Laus, et, malheureusement, le vénérable évêque de Gap, qui avait cru d'abord (1), passa dans les rangs de l'opposition et en fut réputé l'un des chefs. Les alarmes des nombreux marchands de Fourvières gagnèrent de bonnes âmes, même des prêtres vénérables, mais peut-être un peu

(1) L'extrait, mis à l'Appendice, d'une lettre de Mgr Depéry à la vénérable sœur Rosalie, en fait foi (p. 224).

trop zélés pour leur sanctuaire. Naturellement tout cela revint, et avec insistance, au saint Cardinal qui, accablé d'affaires, ajourna l'examen de celle-ci, laquelle était bien de sa province, mais pas de son diocèse. Il se laissa ainsi influencer et même, malheureusement encore, il le laissa voir. Les opposants du diocèse de Grenoble, et de très-haut placés, accoururent alors de leur côté près de Son Eminence, achevèrent de la prévenir, et osèrent ensuite répandre qu'Elle était à leur tête. Mais, enfin, le Cardinal voulut s'éclairer par lui-même. Il annonça à Mgr de Grenoble qu'il irait à la Grande-Chartreuse et de là près de Sa Grandeur, pour interroger les enfants de la Salette et avoir leurs secrets, qu'il était chargé, disait-il, de faire connaître au Saint-Père.

Cette annonce décida Mgr de Grenoble à envoyer préalablement ces secrets à Sa Sainteté. Informée des préventions du Cardinal, ce parti parut sage à Sa Grandeur.

Au jour annoncé, le Cardinal arrive à Grenoble où il apprend que les secrets ont été portés à Rome... Son Eminence en est blessée, on le conçoit, et cette vive impression l'empêche de mettre à profit de sang-froid l'occasion qu'Elle avait sagement voulu avoir et qu'Elle avait de juger par Elle-même les enfants. Quand on les lui amène (le 14 juillet 1851), au lieu de leur ouvrir le cœur par sa grande bonté, Elle leur impose presque aussitôt la remise des secrets, à titre de métropolitain, de Cardinal, de conseiller du Saint-Père, et de conseiller expressément chargé par Sa Sainteté d'examiner les secrets. Les enfants, conduits l'un après l'autre devant Son Eminence, Mélanie d'abord, puis Maximin, répondent tout deux que le Saint-Père les a ; que la Sainte-Vierge leur ayant défendu de les communiquer, Mgr de Grenoble leur a bien fait comprendre qu'ils les devaient au Saint-Père, mais qu'ils n'osent pas les donner de nouveau ; que, d'ailleurs, Son Eminence peut les demander à Sa Sainteté ; et Maximin va même jusqu'à dire que son secret ayant été remis en main propre au Saint-Père, son devoir lui semble encore mieux rempli que s'il était remis à tout autre (1). Le Car-

---

(1) En écrivant la brochure citée ci-après *(Un Pèlerinage à la Salette au milieu d'août 1855)*, j'avais oublié cette dernière circonstance : Maximin me l'a rappelée, à propos de ladite brochure, le 22 octobre 1855.

dinal, de plus en plus blessé, insiste avec force sur sa dignité et sur son mandat, et alors les enfants, de plus en plus revêches de leur côté, de prier Son Eminence de leur montrer ce mandat, et Son Eminence d'en rester là...

Le vénérable Cardinal se disant chargé par le Saint-Père de demander aux enfants leurs secrets, avait bien, évidemment, un titre *ad hoc,* mais pas impératif, on n'en peut douter. Sans se refuser au désir du Cardinal, il est à croire que le Saint-Père s'était contenté d'une réponse officieuse, même indirecte, et que Son Eminence n'avait pas jugé à propos de la montrer à Mgr de Grenoble. La mésaventure a dû venir de là, et je ne puis croire inconvenant de penser que la Sainte-Vierge la permit, continuant ainsi la mission de ses petits favoris.

On peut ajouter foi au récit qui précède, parce que, sans m'être jamais de moi-même mis en avant, Mgr de Grenoble a voulu m'employer dans toute cette affaire, ainsi que je l'ai publié en 1855, dans une brochure que personne n'a pu contredire (1).

---

(1) *Un pèlerinage à la Salette au milieu d'août 1855,* in-8° de 25 pages.

Mais Mgr de Grenoble avait-il eu tort de retenir l'affaire de la Salette et d'envoyer lui-même les secrets des enfants au Saint-Père? Non, puisque ses envoyés, MM. Gerin et Rousselot ont été parfaitement accueillis par Sa Sainteté, et que même M. Gerin a pu parler librement des préventions du Cardinal, notoires du reste, sans être aucunement repris (1).

III. — Incident Lamerlière.

Je ne puis clore ce chapitre sans rappeler l'incident Lamerlière, dont les tribunaux ont si malheureusement accru le retentissement.

Ce n'est qu'à la fin de 1852 que l'opposition a osé dire que la belle Dame apparue aux enfants six années auparavant était Mlle de Lamerlière. Jusque-là elle soutenait énergiquement que les enfants n'avaient rien

(1) Voir à l'Appendice une Note spéciale sur les secrets des bergers de la Salette (p. 226).

vu, qu'ils mentaient et que le fait d'Ars tranchait la question. M. l'avocat Nicolas a déjà relevé cette contradiction criante (1). L'absurdité d'une si inconséquente et si odieuse fable, inventée à Tullins six ans après l'Apparition, a été ensuite surabondamment démontrée par Mgr Ginoulhiac, dans sa *Lettre-circulaire* du 19 septembre 1857 (2). C'était se faire un jeu de diffamer une honnête personne et par trop se moquer du public d'oser soutenir devant lui qu'une dame de soixante ans, de la corpulence de Mlle de Lamerlière, s'était montrée aux petits bergers dans un globe de feu, en costume resplendissant, sur une montagne de dix-huit cents mètres d'altitude, d'accès difficile, et qu'elle avait disparu dans un nuage ; et cela sans que personne aperçut ce jour-là ni le moindre nuage, ni la prétendue thaumaturge sur les pentes nues de cette montagne, présentant de tous côtés des villages ou hameaux.

---

(1) *La Salette devant la raison, et le devoir d'un catholique*, 2e édition, p. 50, etc.

(2) In-4°, p. 37 à 55.

A quoi il faut ajouter que cette montagne est à cent vingt kilomètres de Saint-Marcellin, ville où Mlle de Lamerlière avait reçu en main propre, la veille, 18 septembre, vingt-un heures avant l'Apparition du 19, une assignation judiciaire pour une affaire très-grave, et où Mme la marquise de Luzy, sa sœur, la trouvait les 19 et 20, tout comme le 18 (1). Faire jouer un pareil rôle (2) à une dame que rien n'autorisait à calomnier de la sorte, c'était une indignité. Mais soutenir cette calomnie dans l'ouvrage même où l'on soutient aussi que Maximin *n'a rien vu*, qu'il a trompé, qu'il l'a avoué au curé d'Ars (3) : quand on songe que ce ne sont pas des charlatans qui se permettent de tels jeux, mais des prêtres, en vérité cela fait peur.

L'opposition en est réduite là, et, quoique foudroyée par l'Ordinaire, elle n'est pas éteinte, je le répète. C'est ce qui m'a décidé à rappeler ses échecs,

---

(1) *La Salette devant la raison*, etc., p. 78.

(2) *La Salette devant le Pape*, p. 15, 218, 291 et 299.

(3) *La Salette devant le Pape*, etc., p. 190.

et si j'ai fait tout à l'heure des révélations délicates, on voudra bien considérer mon motif. En pareil cas, un Saint, un Evêque, un Archevêque, un Cardinal peuvent involontairement errer : seul le Pape est infaillible, et tout ce que j'ai osé dire ne fait après tout, ce me semble, que confirmer la réalité et la nécessité de ce sublime privilége ; car Dieu qui a mis dans le monde matériel le bel ordre qui nous ravit, n'a pu livrer le monde supérieur, le monde moral, la société humaine à l'anarchie. Sans doute les catholiques ne sont pas obligés de croire à l'Apparition de la Salette, mais ils sont obligés de respecter le jugement de l'Ordinaire, et ils ne le peuvent contredire que devant le Pape ; et, tant que le Pape n'aura pas infirmé le jugement doctrinal prononcé sur cette Apparition, il est à coup sûr et plus sage et meilleur de croire avec l'Ordinaire que de ne pas croire. Les détestables écarts commis à cet égard sont un des signes du temps présent et devraient contribuer à faire comprendre les larmes de la Vierge de la Salette. Un illustre Evêque disait naguère à un ami : *Les ténèbres sont telles aujourd'hui que les évêques eux-mêmes ne vont qu'à tâtons.* Rien ne fait plus sentir la nécessité, pour le salut de la société actuelle, du miracle qui nous a conservé si longtemps un grand Pape, dont la tâche toutefois inachevée lui assure un successeur de pareil génie et de même sainteté.

CHAPITRE IX.

Règlement. — Oraison.

Magna ars est scire conversari cum Jesu,
et scire Jesum tenere, magna prudentia (1).

Je réunis les deux mots mis en tête de ce chapitre, parce qu'on n'arrive guère à l'oraison que par une forte et opiniâtre discipline, c'est-à-dire qu'en se donnant, qu'en s'immolant à Dieu tout de bon. Sans doute les femmes trouvent dans leur cœur une voie plus rapide et plus haute que celle que saint Ignace a tracée; mais elles n'en ont pas moins besoin de triompher de la paresse, de la légèreté, de l'inconstance naturelles, et encore pour cela leur faut-il à elles-mêmes une *volonté d'acier*, qui leur vient de leur cœur, quand il est vraiment tout à Dieu.

(1) Imit., 2-8-3.

Voici sur cet important sujet l'exemple et l'enseignement que M. Gerin nous a donnés. Dérangé comme il l'était sans cesse, on a peine à croire qu'il soit toujours resté fidèle à un règlement sévère, et rien pourtant n'est plus vrai. Pourquoi avait-il toujours la montre en main, sinon d'abord parce que personne ne sait le prix du temps comme les Saints, et puis que, non-seulement il ne devait oublier ni aucun appel possible, ni aucun rendez-vous, ni aucune de ses œuvres si multipliées ; mais par-dessus tout parce qu'il ne s'oubliait jamais lui-même. Or, c'est ce vaillant éveil, cette généreuse et incessante vigilance, que j'appelle immolation et qui l'ont fait être tout à Dieu et tout à tous sans cesse.

Ambula coram me, et esto perfectus (1) ! — Marche en ma présence et sois parfait, — a dit Dieu à Abraham. Ce commandement, M. Gerin l'a pratiqué constamment. Il lisait tous les matins, à genoux, avant de sortir de sa chambre, un ou plusieurs chapitres de la Bible. Il allait ainsi dans le cours de l'année d'un bout à l'autre du saint livre, et le recommençait

---

(Gen., 17-1.

ensuite, n'oubliant jamais cette lecture, ne s'en lassant jamais. L'Evangile et les Epîtres de saint Paul étaient surtout le continuel aliment de sa méditation, et j'ai déjà dit qu'il savait par cœur tout saint Paul, le plus grand des philosophes, comme il l'appelait. L'intelligence de certains passages, de certains mots lui a coûté jusqu'à des semaines, des mois et jusqu'à six mois de réflexions opiniâtres (1). C'étaient

(1) Mgr Dupanloup, ravi de l'étonnante intelligence que M. Gerin avait de saint Paul, a su obtenir de lui, non sans de vives instances, un travail spécial sur le grand docteur et apôtre des nations, et il est à espérer que ce travail verra le jour. Sa Grandeur s'est plu à dire, puis-je ajouter, que si Elle se trouvait en désaccord avec le saint curé sur un point de controverse, Elle changerait d'avis, tant Elle prisait ses lumières.

Rien, au surplus, ne donne mieux l'idée de l'amour, du culte de M. Gerin pour saint Paul, que la douleur qu'il ressentit à la nouvelle de l'incendie de l'insigne basilique de la voie d'Ostie, en 1823 : elle fut telle que, lui qui donnait toujours aux pauvres tout ce dont il pouvait disposer, la seule fois de sa vie probablement qu'il ait eu en mains trois mille francs, il les envoya (en 1841), pour la reconstruction, aujourd'hui achevée, de cet immense et splendide édifice.

là ses gazettes, sa politique, ses nouvelles, toujours bonnes et salutaires, ajoutait-il. Comme saint Hugues :

Rumores nec interrogabat, nec referebat (1) : Il ne demandait pas les nouvelles, ni ne les répétait.

Il récitait chaque jour soixante *Pater* et *Ave* et le petit office de l'Immaculée Conception. Chaque jour, il invoquait sainte Philomène, la *chère petite Sainte* du curé d'Ars, dont un ancien officier, devenu le père Magdelon, de Saint-Jean-de-Dieu, lui avait révélé la puissance, lorsqu'il était à Feyzin. Enfin, jamais il ne se couchait sans revenir à la sainte Ecriture, en lisant au moins cinq versets, quand il n'en pouvait plus. « Cela embaume la nuit et en fait le Ciel, » m'a-t-il dit. Je dois ajouter qu'il avait obtenu de saint François-Régis, pour suffire à sa règle et à sa charge, de dormir une heure de moins qu'il ne lui en avait fallu jusque-là.

Toutes ces pratiques, comme le bois jeté au feu pour l'entretenir, entretenaient son oraison conti-

---

(1) Surius.

nuelle, avivée par la continuelle immolation de soi, par son dévouement absolu à tous.

Je ne sais plus à quelle occasion quelqu'un s'avisa de dire à M. Gerin, que les femmes ne pouvaient guère se nourrir comme nous de la sainte Ecriture. « Les femmes, reprit-il vivement, elles la devinent et elles ont à leur cœur, pour voler à Dieu, des ailes plus rapides et plus puissantes que les nôtres, » leur faisant ainsi la part plus belle qu'à lui-même.

Il disait souvent en confession, on peut le répéter :

« JAMAIS AME D'ORAISON N'EST SENSUELLE,

» ET JAMAIS AME SANS ORAISON N'EST PÉNITENTE. »

Comment faire sentir plus énergiquement et en moins de mots la nécessité de l'oraison ?

« Vouloir se sauver sans oraison, disait-il encore, c'est vouloir travailler le fer à froid.

» Qu'importe les aridités, l'ennui qui la font abandonner trop souvent ! Notre-Seigneur ne nous demande que la bonne volonté de le chercher, consulter, invoquer, de le vouloir, d'être à Lui par le cœur dès le matin. Le reste le regarde et il sait ce qu'il nous faut. La grâce est plus grande, cela est certain, quand la grâce sensible nous est refusée, puisqu'alors

Notre-Seigneur nous traite en âmes généreuses dont il veut éprouver l'amour. Ne manquez donc jamais l'oraison du matin, prévoyant les rencontres, les occasions critiques, les chances diverses de la journée et prenant les résolutions de prudence. »

Le 15 octobre 1847, revenant avec M. Gerin des vêpres de sainte Térèse aux Carmélites de la Tronche, je l'ai ramené à ce qu'il venait de nous dire de l'oraison et prié de m'expliquer la méthode que lui avait enseignée son saint maître, M. Dhière.

« Faire oraison, me répondit-il avec feu, c'est prendre une pensée, un point, s'y arrêter, s'y fixer. Peu à peu il se dilate, s'illumine et devient comme un soleil qui éblouit et qui embrase ! »

Puis, voyant à qui il avait affaire, il eut la condescendance d'ajouter plus posément :

« On commence par invoquer l'Esprit-Saint, on s'humilie, pensant au péché originel et aux péchés actuels : on s'humilie ainsi profondément, on s'anéantit devant Dieu.

» On considère ensuite l'objet, le point sur lequel on veut méditer, sans se tourmenter, mais sans paresse d'esprit, avec la bonne et ferme intention de trouver là un aliment pour son âme.

» S'il ne vient rien, si l'on reste sec, aride, on n'emploie pas moins à la méditation le temps voulu, rendant grâces à Dieu de nous avoir supportés ce temps-là en sa présence, parce qu'on y a été en effet l'ayant voulu, cru, bien qu'on ait pu ne pas le sentir du tout.

» Enfin on tâche de tirer quelque conclusion pratique du travail fait pour trouver Dieu et obtenir sa lumière.

» Voilà tout. Mais cela il faut le faire, sans se lasser jamais un seul jour, le matin en se levant surtout, le soir en se couchant, même toutes les fois qu'on le peut et enfin habituellement.

» Après dix ans de cette escrime, le feu se met à la bougie qu'on a tout ce temps approché du feu, présentée au feu par tous les bouts. Elle s'embrase alors tout entière, sans qu'il soit plus besoin de mèche. Je l'ai éprouvé, M. Dhière m'avait bien guidé (1).

---

(1) Le bon et vénérable M. Rousselot, qui a professé la théologie au Grand Séminaire, en même temps que M. Dhière, et pen-

J'ai continué pendant dix ans, parce qu'il me l'avait recommandé, et alors j'ai reconnu la vérité, le bienfait de son conseil. Oui, il faut dix ans pour apprendre à faire oraison, c'est un travail de dix ans ! Mais le résultat, le fruit en vaut la peine, car c'est Dieu trouvé, conquis, fait échec et mat (1). »

---

dant cinquante-trois ans (entre autres à M. Gerin), et qui a été chanoine de la cathédrale depuis 1833 et vicaire général honoraire du diocèse depuis 1837 jusqu'à sa mort, arrivée au commencement de sa quatre-vingt-unième année, le 19 juin 1865 ; cet éminent professeur et saint prêtre a laissé sur M. Dhière (mort en odeur de sainteté, le 13 juin 1820, à soixante-trois ans), une précieuse notice, que M. le chanoine Auvergne a publiée à la suite de sa lettre *Vie de M. Rousselot,* et où on lit ce qui suit (p. 226) :

« Il (M. Dhière) avait, pour la pratique de la méditation quotidenne, des paroles saisissantes : *Méditation ! méditation !* disait-il, *je réponds du salut d'un prêtre qui fait tous les jours sa méditation....* Et il prononçait ces paroles avec tant de feu que, selon l'expression du saint M. Gerin, déeédé curé de la Cathédrale, les murailles du Grand Séminaire semblent encore en retentir. »

(1) Je cite (Note 1), de l'angélique plus jeune sœur de M. Gerin, morte en odeur de sainteté à Corenc, le 22 novembre 1843, ce mot : *Ah ! sans doute les Saints sont heureux, mais, certes ! ce*

Evidemment le bon M. Gerin s'était trahi, en me donnant, avec une tendresse et une éloquence indicibles, le précieux secret de sa sainteté. J'ajoute que la veille il avait couché au couvent de Corenc et passé le lendemain de grand matin deux heures et demie dans un lieu désert, au pied des grands escarpements du Saint-Eynard, *où ces deux heures et demie ne lui avaient pas paru deux minutes et demie*. Car il me fit encore cet aveu-là dans notre retour de la Tronche à Grenoble. Evidemment le feu de son discours aux Carmélites et de la confidence qu'il se plut à me faire ensuite, s'était allumé en lui dans sa longue extase matinale et continuait à l'embraser.

Mais ce qui l'avait inspiré aussi, c'était, non moins évidemment, d'avoir à parler aux filles de sainte Térèse. Leur Mère n'est-elle pas l'incomparable maîtresse de la science et de la pratique de l'Oraison?... Et comment s'occuper de ce grand sujet sans recourir à elle?... Aussi ne puis-je clore ce chapitre

---

n'est pas sans peine qu'ils sont devenus saints !.. Où l'on voit qu'elle était bien de l'école de son vénéré frère.

sans citer du moins les quelques mots qui suivent et qui me semblent compléter supérieurement ce que nous a si bien dit M. Gerin du privilége des femmes.

« L'oraison est une affaire d'amitié avec Dieu, comme avec un père, un frère, un époux.

» Il ne s'agit pas de beaucoup parler, ni de beaucoup penser; il s'agit de beaucoup aimer.

» Je ne vous demande, disait-elle à ses filles, ni pensées, ni méditations, ni subtiles considérations, je ne vous demande qu'une chose, regardez Dieu!... Sans se parler, sans se faire signe, les personnes qui s'aiment se comprennent d'un regard. »

Quelle simplicité! quelle éloquence! quelle autorité!... M. Gerin nous a peint en quelques traits sympathiques l'illustre réformatrice du Carmel, la gloire de son sexe, la patronne de l'Espagne, la seule femme, je crois, que l'Eglise ait jamais honorée du titre de *Spiritualis Mater* (1); une supérieure des

---

(1) On lit sous sa statue, placée dans une des grandes niches de saint Pierre du Vatican :

S. Teresia spiritualis mater et fundatrix novæ reformat Ordinis discalc. B. M. de Monte Carmelo.

Capucines de Madrid, sœur de saint François de Borgia, a achevé le portrait :

« Dieu soit béni, disait-elle, de nous avoir fait connaître une Sainte, que nous pouvons toutes imiter. Sa conduite n'a rien d'extraordinaire : elle mange, elle dort, elle parle, elle rit comme toutes les autres, sans affectation, sans façon, sans cérémonie : et l'on voit pourtant bien qu'elle est pleine de l'esprit de Dieu. »

Je fais cette dernière citation d'autant plus volontiers qu'elle montre mieux que c'est le cœur et non la contention qui fait trouver Dieu, et qu'elle s'applique parfaitement aussi au simple et saint prêtre dont tout le but de cet écrit est de conserver un souvenir un peu complet.

CHAPITRE X.

Guérisons & Faits extraordinaires

On doit à M. Gerin beaucoup de guérisons très-extraordinaires et toujours attribuées par lui ou au prince de Hohenlohe, quand il était à Feyzin, ou, ensuite, soit à saint François-Régis, soit surtout à Notre-Dame de la Salette. C'est aux personnes qui en ont été l'objet et à leurs parents d'en rendre compte. Il en est de même des guérisons qui peuvent avoir été obtenues depuis sa mort. Ce témoignage me semble faire partie de la reconnaissance que ces personnes doivent à Dieu et à son digne serviteur.

J'ai cité deux faits miraculeux arrivés à Feyzin, au chapitre I, page 30.

Je vais rapporter ici la guérison d'une dame d'une

grande vertu et d'un éminent esprit, qui a bien voulu me la narrer elle-même le 3 février 1874, une année avant sa mort.

Cette vénérable dame, au commencement de 1861, était hydropique. Ne pouvant se coucher, ni même se renverser sur son fauteuil, elle était réduite à se tenir jour et nuit assise sur son séant, malgré sa faiblesse extrême et de jour en jour plus grande.

Les médecins commandent impérieusement la ponction. Elle s'y résout le vendredi saint, 29 mars 1861, certaine de ne pas manquer de cœur ce jour-là. Auparavant, M. Gerin, son pasteur et confesseur, est appelé. Il accourt, il la regarde avec compassion, se met à genoux devant un crucifix appendu au mur et, après avoir bien prié, il dit à la mourante : *Vous guérirez, madame, vous guérirez.* Il se remet en prière, et redit encore après : *Oui, vous guérirez, madame, et vous le devrez à Notre-Dame de la Salette.* Puis, il administre l'Extrême-Onction. La ponction se fait. Il sort quinze litres d'eau du corps de la pauvre dame.

Mais, au bout de six semaines, il lui en était revenu autant qu'avant la ponction. Du buste, l'hydropisie tombe aux jambes. Les médecins veulent renouveler l'opération, et s'attendent chaqne jour à être appelés. On ne leur fait rien dire.

Au mois de mai, la malade s'aperçoit que l'enflure ne croît plus. Le mois suivant, elle n'en peut plus douter. L'année s'écoule, l'enflure diminue peu à peu et continue à diminuer l'année suivante. Au bout de deux ans la guérison est complète.

Aussi, en 1863, dans la belle saison (après la mort de M. Gerin, arrivée le 13 février de cette année-là), la pieuse dame accomplit-elle le pèlerinage à la sainte Montagne, que M. Gerin lui avait fait promettre.

Pendant les deux années que M. Gerin a été curé de Saint-Symphorien-d'Ozon, il allait souvent prier, le soir, et il s'y oubliait parfois, dans une chapelle bâtie au moyen âge par des mariniers que la Sainte-Vierge avait tirés d'un grand péril sur le Rhône. Elle est située sur une éminence, d'où l'on voit le fleuve et tout près du bourg. Un petit bois la lui cache. Le lieu est très-solitaire. C'était l'ermitage favori du jeune curé. Or, une nuit, comme il en sortait, l'un de ses paroissiens rentrant aussi fort tard chez lui, venait de voir par les fenêtres une lumière splendide dans la chapelle. On n'a pas su me dire s'il avait osé aborder son curé et lui demander l'explication de ce prodige. Mais ce qu'il y a de sûr c'est que tout le bourg en fut informé par le témoin. Dieu se plaît parfois à trahir ses Saints.

En parlant du pèlerinage de M. Gerin à Notre-Dame de Lorette, en 1846, j'ai narré (p. 59 et 60) les apparitions miraculeuses dont il fut favorisé et la guérison immédiate, subite de la blessure qu'il venait de recevoir à la tête, faits qu'il a bien voulu me raconter lui-même.

Dans sa lettre à M. Des Genettes (p. 137), M. Gerin lui dit que *la large balafre* qu'il s'était faite à la jambe, en montant à la Salette pour y célébrer le premier anniversaire de l'Apparition, était entièrement cicatrisée le soir même, à sa grande surprise.

Pendant un mois de Marie, M. le curé de Sainte-Marie-d'Alloix, vient prier M. Gerin de présider à la première communion des enfants de sa paroisse. M. Gerin refuse, parce qu'il s'est fait une loi de ne pas s'absenter un seul jour de ce mois béni entre tous (1). On insiste, on supplie, mais vainement; M. Gerin résiste énergiquement, jusqu'à ce que voyant les yeux du pieux solliciteur se remplir de larmes, il est vaincu. Il va donc, et, après la messe de première communion, dans la sacristie, apercevant sur une étagère un vieux reliquaire tout poudreux, il le prend, l'essuie et voit sous le verre un morceau de l'osier de Notre-Dame (2). L'authentique avait disparu dans la Révolution, on n'exposait plus cette relique à la vénération des fidèles. M. Gerin demande au bon curé, qui ne pouvait rien lui refuser, la permission d'ouvrir le reliquaire et d'y prendre un fragment du morceau d'osier : le sang jaillit de la fracture de ce morceau d'osier et coule sur les doigts de M. Gerin !... Il prie pour que ce sang précieux ne

(1) Sainte-Marie-d'Alloix est à sept lieues de Grenoble, dans la vallée de Graisivaudan.

(2) On sait que le miracle de l'Osier, date de 1649 et que le sanctuaire de Notre-Dame de l'Osier, bâti sur le lieu des Apparitions au protestant Pierre Combet, près de Vinay, est desservi par les Pères Oblats de Marie.

tombe pas à terre, et il le voit se figer aussitôt !.. M. Gerin n'a plus cessé de porter sur lui cette relique si miraculeusement authentiquée : une de ses pieuses paroissiennes la lui avait fait richement enchâsser. Il me l'a donnée à baiser, en me racontant ce que je viens de résumer. Telle fut la récompense de son dévouement au mois de Marie et de sa charité pour son confrère de Sainte-Marie-d'Alloix.

Voici un dernier fait prodigieux, dont je tiens aussi le récit de M. Gerin.

En 1831, à l'époque où il passa de la cure de Feyzin à l'archiprêtré de Saint-Symphorien-d'Ozon, Mme de *** procura au village de Tencin le bienfait d'une mission, dont le besoin se faisait vivement sentir. A la demande de la pieuse châtelaine, Mgr de Bruillard adjoignit au curé du lieu plusieurs prêtres excellents : M. Henri, curé de la Mure ; M. Marchand, curé de Voreppe ; M. Bergeret, curé de Saint-Martin-d'Hère, et M. Gerin. L'œuvre était difficile pour plusieurs raisons et réussit néanmoins, succès que M. Bergeret, dans sa modestie, se plaisait à attribuer à M. Gerin, le plus jeune des missionnaires. Or, la part de celui-ci fut surtout de confesser et encore plus de prier. Il fut le Moïse de la petite troupe sacerdotale : je le tiens, je le répète, du vénérable M. Bergeret. Un grand bien fut fait et a duré.

On n'aura dès lors pas de peine à comprendre que Mme de *** rappelât M. Gerin aussi souvent que possible à Tencin, quand il fut devenu curé de Notre-Dame de Grenoble. Une fois elle le retint un peu trop. La voiture publique sur laquelle on comptait étant déjà partie, Mme de *** fait conduire M. Gerin jusqu'à ***, où il trouve encore un omnibus. Mais, en traversant Domêne, il est reconnu par le curé et quelques prêtres de ses amis, réunis ce jour-là : on l'arrête, à la lettre, il faut qu'il leur donne un moment. On lui assure qu'il passera d'autres voitures. Au fait, on veut le garder. Mais M. Gerin est obligé d'être le lendemain au point du jour à la cathédrale ; il se dégage donc le plus tôt qu'il peut, et ne trouvant plus de voiture, il part à pied. Le jour finissait. A mi-chemin, à la sortie de Gières, la nuit est si noire qu'il ne voit plus du tout la route (1).

(1) A cette époque il n'y avait presque aucune habitation le long de cette route.

Dans sa détresse, il prie; il prie si bien qu'une lumière se fait tout-à-coup devant lui et le précède ainsi jusqu'à l'entrée du faubourg de la ville, une heure durant.

Quand peu après, Mme de *** revit M. Gerin, elle eut hâte de lui demander des nouvelles de son retour à Grenoble, et M. Gerin répondit à sa sollicitude en lui avouant le prodige dont il avait été l'objet, et dont il a bien voulu aussi me faire le récit en détail.

Le 16 mai 1876, dans une visite au couvent des Dominicains de Sainte-Sabine, snr le mont Aventin, à Rome, j'ai remarqué, au-dessus de la porte d'entrée, une fresque représentant saint Dominique rentrant la nuit (à minuit) à ce couvent, accompagné des frères prieurs Odon et Tancrède, sous la conduite d'un ange portant une torche allumée, et j'ai lu au-dessous de la peinture cette inscription :

DUM CLAUSTRUM TETRA GUSMANUS NOCTE
REDIRET ET VIA PRŒ TENEBRIS NON BENE TUTA FORET
PROTINUS È CŒLO VENIUNT QUI LUMINA GESTANT
ET NITET IN TENEBRIS NOX QUASI FACTA DIES
SCILICET HŒC SUPERIS CURA EST IMPOSITA JUSTI
UT DOCEANT TUTAS SEMPER INIRE VIAS.

C'est le miracle qui s'est renouvelé pour M. Gerin.

FAITS POSTHUMES.

Il n'y a pas trois ans, M. Moneu, de Saint-Clair, tout près des Roches, avait les bras et les jambes enflés au point que le médecin ne lui donnait plus que trois ou quatre jours de vie. On applique sur l'enflure un fragment du camail de M. Gerin, le mourant est guéri et vit encore.

Son fils, en allant tirer au sort, s'est muni d'une relique de M. Gerin, et a eu un fort numéro qui lui a valu l'exemption.

Mme Genillon, des environs des Roches aussi, ayant accouché d'un enfant mort depuis quinze jours, était en grand danger ; une relique de M. Gerin, qu'elle mettait sous son chevet, l'a guérie.

Mlle Jeannette Gerin, a déjà eu à distribuer une multitude de reliques de son saint frère. De tous côtés on vient la supplier d'en donner.

ÉPILOGUE.

Ce faible essai fait un peu comprendre à quel point M. Gerin a toujours été le bon pasteur du troupeau qui lui était confié. Mais d'où lui est venu le pouvoir d'imiter si bien le divin Maître ? Evidemment, d'abord des bons exemples et des bons principes qu'il a reçus dans sa jeunesse, et puis du degré d'oraison auquel l'a élevé de bonne heure et de plus en plus sa *volonté d'acier.*

Le culte qu'il a toujours eu pour sa vénérable mère révèle ce qu'il lui doit. La manière dont il parlait du saint maître, M. Dhière, que la Providence lui a fait trouver au Séminaire ; la vaillance avec laquelle il a répondu à sa vocation et qu'il découvrit une fois aux Carmélites de la Tronche, en se trahissant ; ce qu'il a écrit sur la page blanche du livre de première communion d'un enfant qu'il chérissait ; son mot de *volonté d'acier*, qui peint si bien celle qui l'a fait triompher de toutes les épreuves que lui a ménagées la Providence ; la conversion de la paroisse de Feyzin, due en bonne partie à ses longues oraisons au pied de l'autel ; le succès de la mission de Tencin, attribué surtout par le vénérable M. Bergeret aux ferventes prières de M. Gerin ; son assiduité sans relâche à lire la sainte Ecriture, l'aliment de l'âme de tous les contemplatifs ; enfin, la définition de l'oraison et la méthode qu'il m'a données en venant de traiter ce grand sujet devant nos saintes Carmélites : tout cela, en effet, met en évidence que M. Gerin n'a été un si bon pasteur et un nouvel apôtre, que parce qu'il était *en commerce continuel avec Dieu*, comme j'ai eu à le dire d'après son digne ami, le vénérable M. Orcel.

*
* *

Ce qui a peut-être le plus préoccupé la plupart des Saints, notamment depuis saint François et saint Dominique, c'est la difficulté qu'il y a pour le prêtre séculier, d'avancer dans la science sacrée et la vie intérieure au milieu du monde. Le troupeau cependant a besoin sans cesse des soins, du ministère du pasteur. D'où il suit que ce pasteur doit être saint. Il suffit au religieux de le devenir, mais il faut que le pasteur le soit.

Quel juste sujet d'effroi pour le prêtre séculier !

Aussi, combien lui importe un exemple tel que celui de M. Gerin ! Car il a eu, lui, à triompher de toutes les difficultés, de tous les obstacles, de tous les dangers du monde, et il en a triomphé ; mais, encore une fois, ça été uniquement, comme on l'a vu, par l'oraison. Que le lecteur veuille bien me passer mon insistance sur ce point et m'excuser d'avoir cherché, malgré ma misère et mon incapacité, à lui donner par là une idée un peu juste de mon bon Pasteur ! La reconnaissance m'y a contraint pour ainsi dire.

Nombre d'exemples analogues, Dieu merci, dirai-je encore, ont été donnés en France depuis le commencement de la grande épreuve que la Révolution fait subir à l'Eglise ; mais combien sont remarquables et imposants ceux, si semblables, qu'ont offerts MM. Gerin et Vianney !

APPENDICE.

I.

QUELQUES MOTS SUR LES DIVERS MEMBRES DE LA FAMILLE DE M. GERIN.

Le père, né en 1773, n'avait guère qu'un an de plus que sa femme. On la lui donna, quoiqu'elle fût d'une famille un peu plus relevée que la sienne, à cause de toutes ses bonnes qualités. Orphelin dès l'âge de six ans, il fut néanmoins toujours un excellent chrétien. Tous deux étaient de Saint-Alban-du-Rhône, près des Roches-de-Condrieu.

Un jour, lorsque son fils aîné, M. Gerin, étudiait à Véranne, il lui portait un pain. La chaleur, la marche, la soif mettent à bout ses forces : il y a quatre lieues des Roches à Véranne et beaucoup à monter (450 mètres). Il se couche à terre et s'endort. En s'éveillant, il trouve à ses côtés une poire magnifique. Ce n'était pas encore la saison et jamais il n'en vit de si belle. Homme de foi, c'est là pour lui une confirmation nouvelle de la vocation de son fils et un encouragement à la seconder. Il mange la poire, en rendant grâces à Dieu. Elle le désaltère et le reconforte : elle était exquise.

Il a raconté lui-même ce fait à Mme Sainte-Chantal de qui je le tiens. Mlle Jeannette me l'a pareillement rapporté.

Ce bon père Gerin est mort à soixante-sept ans, le 18 octobre 1840. J'ai dit que M. Gerin lui ressemblait on ne peut plus, et que Mlle Jeannette ressemble on ne peut plus à M. Gerin.

La mère, née en 1774, mariée à vingt ou vingt-un ans, était une femme forte. Tant que les prêtres furent réduits à se cacher pour continuer leur saint ministère, elle les secourut avec un courage, un dévouement, une adresse, une charité admirables. Dieu sait toutes les courses pénibles qu'elle fit pour cela, nommément pendant sa première grossesse. Aussi, un jour, l'un des confesseurs de la foi qu'elle assistait, lui dit-il : « Vous portez quelque chose de grand ! » M. Gerin, son aîné, et Mariette, venue au monde environ deux ans après lui, ont été baptisés dans des chambres.

« Notre mère, m'a dit Mlle Jeannette, était une vraie Trappistine. » Elle priait sans cesse en travaillant, tenant presque toujours son chapelet à la main, et le disant jusqu'à six fois par jour. Lorsque ses enfants furent placés, elle restait à l'église de six heures à neuf heures du matin, et elle en embrassait souvent les murs. Vers la fin de sa vie, ne pouvant plus aller seule, elle s'y faisait conduire, pour avoir la messe et faire son chemin de croix. « Il n'y avait plus rien de ce monde en elle, » m'a dit aussi Mlle Jeannette. Elle jeûnait encore à quatre-vingts ans.

Saint François-Régis fut toujours son Saint de prédilection et de plus son médecin. A douze ans, après une maladie, elle ne pouvait plus marcher qu'avec deux béquilles. Sa mère fit un vœu au Saint, et elle fut guérie sur-le-champ. Devenue épouse et mère, tant qu'elle fut valide, elle allait tous les ans à la Louvesc, à pied, emmenant avec elle quelqu'un ou quelques-uns de ses enfants, dès qu'ils pouvaient faire ce rude pèlerinage (1). C'est saint François-Régis qui mettait fin à toutes les épreuves de la famille, et la guidait dans toutes les résolutions importantes. A quinze ans, Mariette a un panaris qui va jusqu'à l'os. On veut la conduire à Lyon. « Saint Régis la guérira bien tout seul, » dit la mère, et il n'y manqua pas.

J'ai donné une idée du culte de M. Gerin pour une telle mère, qu'il a eu le bonheur de conserver jusqu'à l'âge de quatre-vingt-sept ans : jusqu'au 15 juin 1861. (Saint Régis a sûrement voulu l'avoir pour sa fête le lendemain.) M. Gerin ne lui a survécu que vingt mois. Dieu veuille qu'on écrive, sous la dictée de Mlle Jeannette, qui n'a jamais quitté sa sainte mère, tout ce qu'elle en sait !

Les saints époux dont je viens d'esquisser quel-

---

(1) Il y a onze grandes lieues des Roches à la Louvesc, et quelle montée ! Les Roches sont à l'altitude 150 et la Louvesc à 1100.

ques traits, ont eu dix anfants : quatre fils et six filles. Un fils et deux filles sont morts en bas-âge. Je vais parler brièvement de chacun des sept autres enfants : trois fils et quatre filles.

1. L'aîné de tous, *M. Jean-Baptiste Gerin*, est né, je l'ai déjà dit, le 13 décembre 1797. A deux ans environ, la nuit, couché encore entre père et mère, il eut une vision que je laisse à Mlle Jeannette le soin de raconter. Vers six ans, il fut atteint d'un mal étrange, qui dura longtemps, et il fut mordu par un chien enragé. Le démon le pressentait, mais ses bons parents, par la protection de saint Régis, le guérirent. Il apprit à lire et à écrire très-vite et de très-bonne heure. A neuf ans, il tenait les comptes de son père, qui ne savait pas écrire. A onze ou douze ans, ses petits camarades veulent l'emmener avec eux à une vogue : impossible. Ils ne peuvent le bouger de place, le miracle de sainte Lucie, le jour de laquelle il était né, se renouvelle pour lui. Il eut à Feyzin de grands maux de tête, dont saint François-Régis le délivra.

J'ai dit au chapitre Ier, que Mgr de Bruillard donna

pour successeur au vénérable M. de la Grée, à la cure de la Cathédrale, M. Gerin, qui n'était archiprêtre que depuis deux ans et n'avait que trente-huit ans. Mme Sainte-Chantal y contribua. Dans les visites qu'elle avait à faire à ses couvents, comme supérieure générale des sœurs de la Providence, elle avait appris à connaître M. Gerin, et il arriva que Sa Grandeur lui parla du besoin qu'il avait d'un prêtre qui fût tout aux pauvres de sa plus importante paroisse, comme l'avait été M. de la Grée. *Vous l'avez, Monseigneur, dans M. Gerin*, répondit Mme Sainte-Chantal.

2. *Mariette.* Elle a eu aussi et longtemps une maladie très-étrange : une faim dévorante, insatiable et puis bien d'autres épreuves. Elle alla près de son frère, lorsqu'il fut à Feyzin, mais n'y resta que peu d'années. Elle n'y était pas tranquille. M. Gerin la plaça dans un couvent, à Saint-Antoine, payant sa pension. Elle y resta, je crois, sept ans, toujours éprouvée, quoique favorisée de très-grandes grâces. La Sainte-Vierge lui parlait, elle la voyait. Un jour, elle n'osait pas approcher de la sainte Table : la

Sainte-Vierge lui fit signe d'avancer. Elle eut bien des fois la vision d'une montagne, du côté de Grenoble, et il lui était dit intérieurement qu'elle y trouverait la paix. C'était Corenc, où son saint frère, devenu curé de la Cathédrale, la fit recevoir. Elle y prononça ses vœux sous le nom de sœur Marie-de-la-Croix. Deux de ses sœurs puînées, Sophie et Cécile, l'avaient précédée dans la pieuse congrégation de Corenc ou de la Providence. On remarqua, m'a dit sa vénérable supérieure générale, Mme Sainte-Chantal, qu'elle s'asseyait, même à la messe, aux fêtes de la Sainte-Vierge, et non les autres jours. Il lui fallut avouer qu'alors elle souffrait de rudes tourments pour la conversion des pécheurs. Vers la fin de sa dernière maladie, elle revint aux Roches, près de sa mère. (Les sœurs de la Providence ne sont pas assujetties à la clôture.) Elle mourut là, et il s'y trouva onze prêtres pour célébrer les funérailles de cette humble vierge. Ses deux frères prêtres ne purent venir. Ce fut en 1842, environ deux ans après la mort du père et un an avant celle de Cécile, sœur Marie-de-Sainte-Philomène, la plus jeune des enfants Gerin.

J'ai oublié de dire qu'il fût question de marier

Mariette à vingt ans. La mère y était disposée. Mariette refusa. Elle était belle à ravir.

3. *Jean*, le troisième. Né en 1801 ou 1802. Très-bon, réussissait à tout. C'est le seul qui se soit marié, et ce fut avec l'approbation de M. Gerin. Toutefois, sa femme, d'un caractère peu facile, a été une épreuve pour lui et pour toute sa famille. Il est mort à quarante-neuf ans, après huit mois de maladie, regrettant de ne s'être pas fait prêtre comme ses frères. Sa femme n'est morte que bien après lui, il n'y a guère que trois ans, à soixante-quatorze ans. Les plus saintes familles ne sont pas exemptes d'épreuves, tant s'en faut. M. Gerin ne m'a-t-il pas dit pour adieu :

Per multas tribulationes oportet nos intrare in regnum cœlorum ?

4. *Antoine*. Né en 1806, mort en 1870, à soixante-quatre ans et demi. Il a voulu de bonne heure être prêtre, et sa vénérable mère éprouva sagement cette vocation. Il était d'un naturel encore plus vif que M. Gerin. Comme lui, il fit ses premières études à Ta-

rantaise. Il les acheva chez les Basiliens de Feyzin, où il demeura huit ans. Il sortit de là très-instruit et sachant bien le grec. M. Gerin, son guide et sa providence, comme de toutes ses sœurs, faisait un très-grand cas de la science et de l'excellent jugement de ce bon prêtre. Ce fut un grand amant de la vie cachée.

A Saint-Lanrent-de-Mure, où il est mort curé, une de ses pénitentes lui apparut dans un globe de feu, quelques moments après sa mort, avouant un péché qu'elle ne lui avait pas accusé en confession et lui en demandant instamment l'absolution : la Sainte-Vierge ayant suspendu, lui dit-elle, le jugement qui devait décider de son éternité. Le vénérable curé donna l'absolution ainsi réclamée et resta convaincu de la délivrance de cette âme, pour laquelle il avait beaucoup prié.

5. *Sophie, Mme Saint-Régis*, née en 1810. Subitement guérie par M. Gerin, à Feyzin, à quatorze ou quinze ans. (Voir ch. 1, p. 30.) A vingt ans elle était demandée en mariage et refusa, comme sa sœur aînée, Mariette. Mme Sainte-Chantal ayant passé alors

aux Roches, l'emmena à Corenc, où elle prit l'habit. Elle est donc religieuse de la Providence depuis quarante-huit ans et a précédé dans cette religion ses deux sœurs Cécile et Mariette. Je ne puis guère en parler, elle vit.

6. *Jeannette*, née en 1812. Elle aura soixante-six ans au mois d'octobre prochain (1878). Elle a été très-sujette à de graves furoncles, et longtemps aussi à des demi-évanouissements, mal dont elle est délivrée depuis la mort de M. Gerin.

Un jour, tout enfant, elle regardait dehors ; sa mère lui dit : « La Sainte-Vierge ne regardait pas hors du temple à ton âge, tu n'aimes pas assez le bon Dieu.

Elle a beaucoup désiré entrer à la Visitation, mais M. Gerin la retint près de sa mère pour la soigner et lui fermer les yeux. Elle ne l'a donc jamais quittée et c'est d'elle qu'on peut savoir toute l'admirable vie de cette sainte mère, qu'elle ne cesse de méditer, en même temps que celle de son saint frère.

7. *Cécile, Mme Marie-de-Sainte-Philomène*, née en 1818, morte le 22 novembre 1843, le jour de la fête

de sa patronne, à environ vingt-cinq ans. Religieuse de grands moyens et de grande sainteté. Si elle eût vécu davantage, elle fût devenue, pense-t-on, supérieure générale de sa congrégation.

Tout enfant, comme on lui disait : tes père et mère honoreras pour vivre longuement, elle répondit finement, on ne l'a jamais oublié : « Oh ! moi, je ne veux pas vivre longtemps. » C'était une prophétie.

Plus tard, entendant envier avec trop peu de sérieux le bonheur des Saints, elle reprit avec un accent qui frappa : « Ah ! s'ils le sont devenus, ce n'est pas sans peine ! » où l'on voit qu'elle était bien dès lors de l'école de son saint frère. J'ai déjà rapporté cette parole.

Quand elle venait voir sa vénérable mère aux Roches, les personnes qui la voyaient ne pouvaient s'empêcher de se dire : « c'est la Sainte-Vierge ! »

J'ai raconté sa guérison miraculeuse, obtenue par M. Gerin, le 20 octobre 1842. (Chap. 2, p. 49.) Il aimait et prisait cette autre petite Sainte-Philomène au delà de tout ce qu'on peut dire.

La maladie qui l'a emmenée, treize mois après sa guérison instantanée, fut causée par un accident.

Elle avait, l'hiver, dans son lit, une bouteille d'eau chaude pour se réchauffer les pieds. (Les hivers sont rudes dans les dortoirs de Corenc, le couvent est au sommet d'une haute colline, battue par la bise.) Cette bouteille refroidie se déboucha dans la nuit. La Sainte se garda de rompre le silence de règle, et ne se leva, toute glacée, qu'avec ses compagnes. Ce refroidissement devait la conduire au tombeau. Dieu la voulait. Au moment de sa mort, sa sœur Marie-de-la-Croix lui apparut, venant la chercher. Elle la voyait au pied de son lit.

J'ajoute ici, en terminant cette Note très-sommaire, que M. Gerin ne m'a jamais dit le moindre mot sur la beauté de ses sœurs et de sa mère, mais je n'ai pu manquer d'en être avisé d'ailleurs. Lui, il ne voyait que les âmes.

II.

NOTE SUR LA CATHÉDRALE DE GRENOBLE.

C'est un besoin de saluer d'un regret les monuments de nos plus anciens et plus chers souvenirs, quand nous les voyons abattre ou transformer, ce qui parfois est pire.

Sans doute, les renouvellements inouïs que le second Empire a mis en vogue, ont leur bon côté et feront époque ; mais il ne faut pas pour cela, selon moi, qu'ils deviennent par trop faciles et par trop généraux. On met à l'enquête les créations nouvelles, pourquoi ne pas y mettre aussi certaines restaurations et destructions ?

Le regret qui vient de m'échapper, je l'ai vivement éprouvé lorsqu'on a indignement mutilé, en 1860, notre vieille cathédrale ; et ce regret me revient involontairement au cœur, depuis lors, chaque fois que j'y rentre : je n'aimais chose au monde autant qu'elle.

Saint Louis se plaisait à signer *Loys de Poissy*, parce qu'il avait été baptisé à Poissy (1) : j'ai été baptisé et j'ai fait ma première communion à Notre-Dame de Grenoble (2) : comment ne l'aimerais-je pas et pourquoi me priver ici de le dire ?

Elle était si vénérable, en effet, cette vieille cathédrale, où tant de Saints ont prêché, confessé, prié ! Elle l'était encore à un autre titre religieux, et même comme monument des diverses phases de l'art chrétien.

Sans refaire ici son histoire, que notre savant historiographe M. Pilot nous a donnée, et, Dieu merci, avant la mutilation que je déplore (3), je rappellerai que Charlemagne l'a fondée en 773, que l'évêque Isarn en a commencé une plus grande, contiguë à

---

(1) Le 25 avril 1215.

(2) En 1814 ; il y a aujourd'hui plus de soixante-cinq ans.

(3) *Bulletin de la Société de Statistique de l'Isère*, t. III, 1845, p. 45 à 74.

la première, en 955, et l'a dédiée à Notre-Dame (1). Elle fait suite à un large portique à plein cintre, qui lui sert d'entrée principale et soutient le clocher, massive tour carrée, relevée et gâtée en 1840. C'est évidemment la partie la plus ancienne de l'édifice.

(1) Auparavant, elle était dédiée à saint Vincent, peut-être depuis l'époque très-reculée, mais aujourd'hui impossible à préciser, suivant M. Pilot, où l'on avait la tête du glorieux martyr de Valence (*Palentia*). Cette ancienne cathédrale, reconstruite sur place au XIIe siècle, est devenue l'église paroissiale, sous le vocable de saint Hugues. Plus anciennement, notre cathédrale était sur la rive droite de l'Isère et dédiée à saint Laurent.

L'église paroissiale actuelle de ce nom a été bâtie au XIe siècle par les Bénédictins, sur le pourtour même d'une crypte célèbre, pouvant remonter à une époque beaucoup plus ancienne. Le chœur, l'abside de l'église et la crypte ont été restaurés avec art, en 1852 et années suivantes, comme monument historique, par feu M. Manguin.

On doit aussi aux Bénédictins du XIe siècle, l'église, avec crypte, de Salaise, canton de Roussillon, près du Rhône ; église intacte, à l'extérieur de l'abside de laquelle est sculptée une salamandre pareille à celle de Saint-Laurent de Grenoble.

La nef, ajoutée au portique, est flanquée à droite de deux rangs de bas-côtés et d'un seul à gauche, bas-côtés qui portaient des tribunes, comme ceux de la basilique Ambroisienne à Milan.

Le chœur, ajouté à son tour à la nef, est de la plus belle époque ogivale, et parfaitement raccordé avec cette nef. En 1407, à gauche, une niche a été ouverte et décorée pour l'ornement du tombeau de nos Evêques, qui trônent là, aux jours solennels, sur leur caveau funèbre. A droite, en pendant, est un tabernacle monumental, chef-d'œuvre de sculpture et sans pareil, que je sache. Il paraît dater de 1455.

Ce beau chœur a perdu quatre de ses jours latéraux ; mais il a fait une bien autre perte : il a perdu le corps de saint Hugues, qui a reposé dans la muraille de l'abside, de 1132 au 3 juin 1562, jour à jamais néfaste, où il a été brûlé, avec la tête de saint Vincent, sur la place Notre-Dame, par les huguenots, qui jetèrent les cendres au vent.

En réparation de cet abominable sacrilége, on devrait bien, ce me semble, — mieux vaut tard que jamais — ériger une statue de Notre-Dame sur la colonne de la fontaine publique de la place de ce nom, comme on a fait à Turin, sur la place moins grande de la *Consolata ;* notre bonne Madone de l'Assomption n'est-elle pas aussi notre bonne Madone de toute consolation ?

Mais je reviens à la mutilation dont je suis inconsolable : la destruction des tribunes que portait le premier rang des bas-côtés de la nef. L'église, déjà très-insuffisante aux jours de grande fête, a été ainsi considérablement réduite ; les piliers de la nef, remaniés, semblent aujourd'hui montés sur des échasses, et le premier rang de bas-côtés, devenu presque deux fois plus haut que le deuxième rang et bien moins large, est ridicule (1). En un mot, d'un monument témoin d'une filiation glorieuse, on a fait quelque chose d'étrange, une sorte de monstre, et personne ne s'est souvenu ici, ou ne s'est fait souci de cette filiation ; personne même n'a encore exhalé le regret qui m'assiége !... Et pourtant notre premier

---

	LARGEUR.	HAUTEUR.
(1) Premier rang de bas-côtés, à droite et à côté du chœur........................	2.70	9.65
Second rang..... *idem*.........*idem*......	4.09	4.88

Evêque connu, saint Domnin, a siégé au Concile d'Aquilée, dirigé par saint Ambroise, en 381, et nos vieilles tribunes attestaient combien nos pères avaient à cœur leur union avec l'illustre église de Milan !

Il est vrai que la même profanation a été commise, récemment aussi, à Novare, où le *Duomo* était également une imitation de l'Ambroisienne, et plus ancienne que la nôtre, à en juger par le plein cintre des voûtes; et même là on a tout mis à bas pour édifier à la place, à grands frais, une espèce de temple grec du plus mauvais goût (1). Mais cette déplorable faute, loin d'excuser celle que je relève, montre seulement, hélas! que le déclin que nous avons subi s'est étendu ailleurs et jusque bien plus près de Milan.

A Novare, du moins, plus rien ne rappelle l'ancienne basilique, au lieu que ce qui reste de nos tribunes, à droite, sur le second rang de bas-côtés, et, à gauche, sur les chapelles, faisant ressortir

---

(1) Les tribunes de Novare étaient moins solides que les nôtres, qui pouvaient braver les siècles.

la hauteur démesurée (9m65) du premier rang des bas-côtés actuels et celle (7m67) des piliersrema niés, cela rend la métamorphose opérée on ne peut plus choquante. C'est du vandalisme de changer ainsi capricieusement un vieux monument. En admettant que notre vénérable cathédrale exigeât des réparations, il fallait conserver religieusement le style de chacune de ses parties, et déjà on eût dû faire ainsi pour la tour en 1840. Outre le respect dû à des formes et dispositions portant date et rappelant de précieux souvenirs, l'art même ne permettait pas de s'écarter de cette règle (1).

---

(1) Si les tribunes détruites en 1860 subsistaient encore, en reculant l'abside (les trois pans qui la forment) de l'ampleur d'une travée nouvelle, cette augmentation du chœur permettrait de rendre au public la travée qu'on lui a prise et qui lui était destinée. On rétablirait ainsi le plan primitif du monument, sans altérer son caractère, et cette travée, jointe aux tribunes détruites, eût rendu pour longtemps encore assez grande l'aire réservée au public. Mais, après l'impardonnable faute commise en 1860, ce moyen de remédier à l'insuffisance actuelle de notre cathédrale n'est malheureusement plus proposable.

S'il nous reste une fiche de consolation, c'est à la Révolution que nous la devons, sans lui en devoir toutefois aucune reconnaissance. Elle fut cause qu'on fit descendre à Grenoble et placer sur le grand autel de notre cathédrale, un très-beau tabernacle florentin, donné par la Chartreuse de Pavie à sa mère bien-aimée la Grande-Chartreuse, en 1576. Nos saints cénobites ayant été chassés de leur désert en 93, il fallut soustraire ce chef d'œuvre aux profanateurs, et il est resté où nous le voyons, comme dernier mémorial, en dépit du malheur des temps, des saints et antiques liens de notre diocèse avec l'archidiocèse de Milan.

Mais je n'ai pas suffisamment rappelé les titres de la vieille cathédrale de Grenoble à notre vénération et à notre amour. Que de Saints, en effet, y ont prié : saint Bruno au XIe siècle, saint Bernard et saint Anthelme au XIIe, saint Vincent Ferrier au commencement et sainte Jeanne Belle (1) vers la fin du XVe ;

(1) Cette noble et sainte fille de Grenoble y a établi, en 1478, le couvent de Clarisses que le Dauphin Humbert II avait fait vœu de fonder en 1340. Ce couvent a subsisté jusqu'à la Révolution et

puis, saint François de Sales (1) et sainte Chantal (2) au XVIIe siècle, le bienheureux abbé de la Salle et la

---

son église était devenue pour ainsi dire l'église royale du Dauphiné, comme la vaste église de Sainte-Claire de Naples est l'église royale de cette capitale. Les principaux personnages du Dauphiné tenaient à avoir à notre Sainte-Claire leur tombeau et même leur chapelle. Jeanne Belle est réputée Bienheureuse dans tous les ouvrages de l'Ordre franciscain. Notre hôpital possède de ses reliques et leur culte s'y est conservé. Voir l'histoire dudit couvent par M. Pilot, dans la revue *Le Dauphiné*, année 1872.

(1) Saint François de Sales a prêché à Grenoble, dans l'église de Saint-André (qui était l'église du Parlement, après avoir été celle des Dauphins), deux Avents et deux Carêmes : Avent de 1616, Carême et Avent de 1617 et Carême de 1618. Mais il n'est pas douteux qu'il a prié souvent dans la cathédrale.

(2) Sainte Chantal se trouvait à la Visitatiou de Grenoble, (Sainte-Marie-d'en-Haut, quatrième monastère de l'Ordre, fondé par saint François de Sales en 1619), lorsque le saint fondateur mourut à Lyon, le 28 décembre 1622. Uu marbre, près de la grille du chœur des religieuses, marque la place où, étant en prière, elle fut avertie intérieurement de cette mort. Grenoble a eu un second monastère de la Visitation, Sainte-Marie-d'en-Bas, fondé en 1648, sept ans après la mort de la Sainte : ma pieuse mère y a été élevée.

vénérable sœur Louise, de Parménie, au XVIIIe, et de nos jours M. de Vidaud et le curé d'Ars, et tant d'autres Saints et Saintes de divers siècles que Dieu seul connaît tous! Et, au début et à la fin de cette longue période de huit siècles, notre grand évêque saint Hugues y a prêché, confessé, célébré les saints mystères de 1080 à 1132 (cinquante-deux années durant), et notre bon pasteur M. Gerin de 1835 à 1863 (vingt-huit ans); il y a même été ordonné (en 1821), et le vénérable curé d'Ars, six années auparavant (en 1815).

III.

LETTRE DE Mgr DEPÉRY, ÉVÊQUE DE GAP, A LA VÉNÉRABLE SŒUR ROSALIE.

(Elle avait secondé la vocation de Sa Grandeur comme une Mère.)

ÉVÊCHÉ DE GAP. » Gap, le 9 décembre 1864.

» Ma bonne Mère,

....

....

» Vous avez entendu parler de l'Apparition de la Sainte-Vierge à des bergers de Corps, sur les frontières de mon diocèse. Elle leur a prédit de grands désastres, une grande famine, si les hommes ne cessent de blasphémer et de travailler les dimanches. « Le bras de mon fils, a-t-elle ajouté, s'appesantit » sur la France, je ne puis plus le soutenir. Dites » cela à mon peuple. »

» Cette Apparition est bien constatée, elle produit

de grands effets ; le travail a cessé les dimanches et tout le monde se presse dans les églises ; on va en foule en procession au lieu de l'Apparition ; une personne de mon diocèse et plusieurs autres d'ailleurs ont été guéries subitement en buvant de l'eau de la fontaine, qui a jailli sous les pieds de la tant belle Dame. Un officier, passant par là, a voulu voir les lieux, et a cassé un morceau de la pierre sur laquelle la Sainte-Vierge était assise parlant aux bergers. Il y avait là un grand nombre de personnes qui, comme lui ont pâmé d'admiration en trouvant empreinte dans cette pierre l'effigie du Christ couronné d'épines. Mgr l'Evêque de Grenoble fait des informations qu'il publiera, je pense. J'ai entendu le curé des deux petits bergers ; ce qu'il raconte de ce Fait est vraiment merveilleux.

....

....

† Irénée, *Ev. de Gap.*

IV.

NOTE RELATIVE AUX SECRETS DES ENFANTS DE LA SALETTE.

Je vais me permettre ici encore quelques mots au sujet de ces secrets. Depuis nos désastres, des pèlerins de tout rang sont venus plus nombreux sur la sainte Montagne de la Salette et plus curieux que jamais de les connaître. J'ai le secret de Maximin (1) :

---

(1) Maximin, après l'envoi des secrets à Rome, croyant que le Saint-Père allait les faire connaître, se crut dégagé du commandement qu'il avait reçu de la Sainte-Vierge et qu'il avait si bien gardé jusque-là. Ce fut pourquoi, peu après l'envoi de ces secrets à Rome, le 11 août 1851 — m'étant rappelé, en causant avec lui, que Mélanie, qui avait écrit son secret à Corenc, le 3 juillet, voulut le récrire à Grenoble le 6, parce qu'elle avait d'abord oublié quelque chose — je demandai à Maximin s'il était sûr de n'avoir rien omis le 2, en écrivant le sien. *Oh! non! moi je sais*

on l'a su par un tiers, un peu trop confiant selon moi. Je n'ai pas celui de Mélanie, mais je crois pouvoir en dire quelque chose, sans indiscrétion.

Que ces enfants, même avant d'avoir écrit leurs secrets pour le Saint-Père, mais surtout après, en aient causé entre eux : on n'en peut douter, on va le voir.

---

bien mon secret, me répondit-il, et trouvant une plume et du papier sous sa main, il se mit à écrire ; puis, peu après, il me tendit son écrit : c'était son sercret, qu'il avait en effet bâclé très-vite. Je répondis que la Sainte-Vierge lui ayant défendu de le communiquer, je ne pouvais l'accepter. *A présent que le Saint-Père les a*, reprit-il, *ce n'est plus la même chose, et, à cause de l'amitié que j'ai pour vous, vous ne refuserez pas mon cadeau*. Voilà comment j'ai ce secret. Mais le Saint-Père n'ayant pas fait ce que pensait Maximin, je me suis cru lié à sa place, et c'est pourquoi je n'ai donné copie du brouillon de Maximin qu'à Mgr Ginoulhiac, sur sa demande officielle, le 5 septembre 1855, et, le 20 avril 1862, à M. le chanoine de Taxis, sur ses instances, parce qu'il avait été chargé avec moi par Mgr de Bruillard de faire écrire aux enfants leurs secrets sous nos yeux et parce qu'il était mon confesseur. Encore ai-je à regretter cette seconde communication, M. de Taxis ayant dit au R. P. Eymard qu'il avait ma copie et n'ayant pas su refuser de la lui laisser lire.

Sur la demande de nos vénérables cénobites, qui voulaient les interroger, les enfants furent conduits à la Grande-Chartreuse le 23 octobre 1849. Le 27, je descendis avec eux et le R. P. général Dom Jean-Baptiste, qui nous fit reposer à Fourvoirie. Là, comme je vins à dire qu'il me fallait sous peu retourner à Paris, Mélanie me pressa vivement de rester à Grenoble et, pour me retenir, finit par dire en s'animant : Paris sera brûlé!... Et, comme je continuais à lui résister, alléguant que j'étais obligé d'y aller et que les menaces de la Sainte-Vierge paraissaient être conditionnelles, Mélanie reprit aussitôt avec encore plus de vivacité et de force, emportée sans doute par sa bienveillance à mon égard : *Oh! mais pour ça la Sainte-Vierge n'a pas dit si!...* Sur quoi Maximin de s'écrier : *Oh! Mélanie qui dit son secret!...* Ce qui fit baisser les yeux à celle-ci, en rougissant. Cette petite scène s'est passée, je le répète, le 27 octobre 1849, à Fourvoirie, devant le Révérend Père, qui n'en fut pas moins frappé que moi. La terrible prophétie, ainsi divulguée vingt-deux ans avant l'événement, n'étant pas dans le secret de Maximin, où il n'est pas question de Paris, est, je suppose, dans celui de Mélanie, à moins qu'elle ne l'ait reçue postérieurement à l'Apparition.

Je puis ajouter que peu après, à Corenc, Mélanie écrivit sur un tableau ces trois lettres : P. S. B., et que l'on parvint à tirer d'elle les mots complets : *Paris sera brûlé;* mots qu'elle écrivit d'ailleurs en toutes lettres sur un mur, dans un autre moment.

Mais d'où pouvait venir à cet enfant, tant à l'avance, la claire vue, puis-je dire, de Paris en feu, sinon de la Sainte-Vierge?... Sans doute, elle ignorait la date de l'événement, puisqu'il s'est fait attendre plus de vingt ans; mais la certitude qu'il arriverait, elle l'avait ; elle en était préoccupée et comme obsédée, et je puis dire en avoir été témoin. Je crois savoir de plus qu'elle a pris le nom de sœur Marie-de-la-Croix, parce qu'elle était appelée, dès lors, à contribuer par sa propre immolation à conjurer les châtiments annoncés.

Le 29 juillet 1851, lendemain du retour de Rome de M. Gerin, j'allai dire à Maximin, au Petit Séminaire du Rondeau, l'accueil que les secrets avaient reçu du Saint-Père, onze jours auparavant, le 18. Or, à un certain moment de notre entretien, Maximin me dit : *Quand Paris brûlera, il y aura quatre rois autour*, ce qui s'est réalisé à la lettre et ce qu'il tenait, je pense, de Mélanie. (Les rois de Prusse, de Bavière, de Wurtemberg et de Saxe.)

Je ne sais plus combien de temps avant la guerre de Crimée, M. Michal, curé de Corenc, et aujourd'hui de Rives, alla à Paris. On affirmait alors que l'Empereur, dans une réunion diplomatique aux Tuileries, avait quitté son trône pour tendre la main à l'ambassadeur de Russie. De là, naturellement, l'opinion s'était accréditée qu'il n'y aurait pas guerre avec cette puissance. M. Michal, de retour, se trouvant avec quelques amis et Maximin, exprime cette opinion. Maximin vient se mettre devant lui, les bras croisés, et répond carrément : *Eh bien, moi, je vous dis qu'il y aura guerre avec la Russie !*... On ne fit cas de ce propos que lorsque la guerre éclata en effet. Maximin avait dit vrai, car la Russie laissa faire la Prusse, et M. Thiers n'en obtint rien.

Plus tard, à l'occasion d'un de mes retours à Paris, Maximin m'a encore dit : « *N'y restez pas longtemps, du reste les bons auront peu de victimes.* »

Il attribuait dès lors aux Rouges l'incendie de Paris, et comme je lui parlais à ce propos d'autres grandes villes, il me répondit : *Lyon sera préservée par Notre-Dame de Fourvières.* Or, Lyon a bien en effet été préservée de l'invasion prussienne, qui semblait inévitable, grâce au vœu fait à la toute-puissante Madone ; vœu que cette pieuse cité accomplit fidèlement en érigeant, à côté de l'ancien sanctuaire, une basilique magnifique, œuvre d'un pieux architecte, homme de génie (1). Les offrandes ne cessent d'affluer, dépassant toujours les dépenses.

Le 18 ou 19 septembre 1870 — je tiens ce qui suit du R. P. Perrin et je le rapporte textuellement — Maximin se trouvant sur la sainte Montagne, quelqu'un apporta la nouvelle que la guerre était déclarée et le Concile du Vatican dissous. Maximin dit : *C'est le commencement de la fin.* Sur ce, on se mit

(1) M. Bossan, à qui l'on doit déjà la rotonde de Sainte-Philomène, à Ars, le nouveau sanctuaire de la Louvesc, le couvent des Dominicains de Coublevie, leur chapelle d'Oullins, celle de la Visitation de Lyon, celle de Notre-Dame de la Roche, le chemin de Croix de la montée de Fourvières, etc.

à parler de la prédiction de Mélanie : *Paris sera brûlé*, et l'un des assistants de donner aussitôt l'explication naturelle : *ce sera par les Prussiens.* — *Non, non*, réplique Maximin, *ce n'est pas par les Prussiens que Paris sera brûlé, c'est par sa canaille.*

J'ai tenu à rapporter ce qui précède, parce que j'ai ouï dire, en juillet 1875, sur la sainte Montagne, à un pèlerin récemment venu de Rome, que les secrets des enfants n'ont pas d'importance. Evidemment ce pèlerin ne savait ni la prophétie de Mélanie sur Paris, ni les mots complémentaires de Maximin. Qui donc, autre que ces enfants, vingt ans à l'avance, a pu croire à l'effroyable embrasement de Paris, allumé *par sa canaille*, et quel autre événement de ce siècle comportait plus une prophétie?... Puis, qui sait s'il n'y a pas dans les secrets des enfants d'autres graves prophéties qu'on s'étonnera de ne comprendre qu'après leur accomplissement?

Je crois devoir ajouter ici que Mélanie, à Corenc, dans ses rêves, a parlé plusieurs fois de la venue des hulans, sans savoir ce que c'était, et que, au moment de la déclaration de guerre, en 1870, le mépris qu'elle a toujours eu pour Napoléon III, sans qu'elle lût jamais aucun journal, alla jusqu'à l'exaspération. Elle ne l'appelait que *le cochon*, *queue de chien*, *renard* (1).

---

(1) J'ai visité Mélanie (sœur Marie-de-la-Croix), à Castellamare, le 8 avril 1876 et voici, de la façon dont je l'ai compris et retenu, quelque chose de ce qu'elle m'a dit.

On sait que bien des gens trouvent qu'elle parle trop et ne croient pas que la Sainte-Vierge lui en ait tant dit en un moment. « La *Sainte-Vierge*, m'a répondu à ce propos Mélanie, *la Sainte-Vierge en un mot peut dire et faire comprendre de quoi écrire pendant cent ans !* »

Pour moi, cette réponse à elle seule prouve que Mélanie a eu la vision dont le bruit a rempli le monde. Qui, en effet, a pu faire exprimer ainsi par cette ignorante, la différence qu'il y a entre ce que l'homme apprend à force de temps et de peine, et ce qu'il plaît à Dieu de révéler parfois à quelques âmes, sans nul effort de leur part et quelque ineptes qu'elles semblent, et, d'autre part, sans qu'il soit besoin de temps, puisque les voyantes en perdent l'idée : qui, dis-je, sinon la Sainte-Vierge?

J'ajoute qu'il serait difficile d'empêcher Mélanie d'annoncer, — son vénérable supérieur et directeur, Mgr de Castellamare, ne le faisant pas, — d'annoncer de nouvelles épreuves pour la France et de continuer à soutenir que notre clergé en général n'est pas encore assez semblable au saint curé d'Ars pour les

Il me reste à dire, au sujet du pèlerinage que j'ai eu le bonheur de faire à la Grande-Chartreuse avec les enfants de la Salette, que les interrogatoires que les Pères leur firent subir confirmèrent tellement ces saints religieux dans la foi à l'Apparition, que le R. P. Général Dom Jean-Baptiste, de sainte mémoire, sans une intrigue des bureaux de l'Evêché, eût fait bâtir

---

prévenir, ce qui pourtant, suivant elle, lui incombe surtout. Or, qui a pu apprendre et peut faire dire cela avec cette insistance à une religieuse dont la conduite morale a toujours été irréprochable ?

Sœur Marie-de-la-Croix m'a dit encore que *tant qu'on gardera la statue de Voltaire sur la voie publique, à Paris, il ne peut y avoir de pardon...* Et la même chose m'a été redite, non moins spontanément, à Rome, le 17 juin, par une vénérable religieuse, assistante d'une très-sainte congrégation. Que diraient donc ces religieuses si elles savaient que les édiles de Paris multiplient, après que Paris a brûlé, multiplient, dans les squares et les jardins publics, les groupes et les statues les plus impudiques, plus encore que sous Napoléon III ?...

Mélanie a dit encore à un de ses visiteurs, qui, vers la fin de la présidence du duc de Magenta, disait devant elle tout l'espoir qu'il avait encore en lui : « *Non, ce n'est pas Mac-Mahon qui sauvera la France, il n'a pas mis à bas la statue de Voltaire.* »

lui-même le sanctuaire de la sainte Montagne. C'eût été donner bien plus d'un million, et, ce qui importait surtout, rendre l'opposition presque impossible. Mais il y a des bureaux partout en France, et ceux des Evêchés parfois sont comme les autres.

Le 3 juillet 1876, au couronnement de Notre-Dame de Lourdes, l'illustre évêque de Poitiers, Mgr Pie, le rappelait aux cent mille pèlerins qui l'entouraient :

Non facit Dominus Verbum, nisi revelaverit scritum suum ad servos suos prophetas,

Traduisant ainsi lui-même cette citation :

« Le Seigneur ne frappe jamais ses grands coups sans avoir préalablement révélé son secret à ses serviteurs. »

Sa Grandeur ajoutait :

« *In novissimis diebus... prophetabunt filii vestri et filiæ vestræ, et juvenes vestri visiones videbunt* (1),

(1) Et il arrivera que, dans les derniers jours, dit le Seigneur..., vos fils et vos filles prophétiseront et vos jeunes gens auront des visions (Act., 2-17).

Appuyant sur cette recommandation de saint Paul :

« *Prophetias nolite spernere* (1) ;

Puis, donnant ce motif aux prophéties :

« Et scietis quia in medio Israel Ego sum, Ego Dominus vester et non est amplius, et non confundetur populus meus in æternum (2) ;

Et enfin s'écriant :

« O hommes de la libre-pensée, vous n'avez pas voulu en croire ni Moïse et les prophètes, ni le Christ et ses Apôtres, ni l'Eglise et ses jugements solennels. Eh bien, voici que dans cette gorge de la montagne, dans une anfractuosité longtemps inaccessible, Marie, la Mère de Dieu, apparaîtra et parlera à une humble fille des champs ; la fille des champs racontera ce qu'elle a vu, ce qu'elle a entendu. Ailleurs, ils étaient deux... »

---

(1) Ne méprisez pas les prophéties (I. Thess., 5-10).

(2) Et vous saurez que c'st moi qui suis au milieu d'Israël, moi qui suis le Seigneur votre Dieu et qu'il n'y en a pas hors de moi, et mon peuple ne sera pas confondu à jamais (Joël, 2-27).

V.

NOTE SUR MAXIMIN.

Le vénérable M. Orcel, premier vicaire général du diocèse depuis vingt-cinq ans et supérieur du Grand Séminaire pendant quarante ans (1), a dit que le naturel des bergers de la Salette, comparé à leur fixité, à leur fermeté, à leurs lumières, en tout ce qui concerne l'Apparition, rend manifeste la vérité de ce prodige. C'est du moins sa pensée, mais ce ne sont pas ses paroles, plus brèves et plus fortes. Je les ai lues imprimées quelque part, je ne sais plus où (2). Elles résument supérieurement les belles pages que

(1) M. Orcel est mort, je le rappelle, six mois après que ceci était écrit.

(2) J'ai entendu attribuer aussi à M. Orcel cette phrase : « Il était impossible de choisir deux témoins plus propres naturellement à discréditer le Fait de la Salette. »

M. l'abbé Dupanloup a publiées sur ces enfants en 1848, après avoir mis Maximin à l'épreuve presque à l'excès. On a là des portraits faits de main de maître, sur le vif. et qui démontrent ma thèse : j'y renvoie (1). Mais je vais citer deux passages du charmant ouvrage de Mlle des Brulais, dont le premier n'est pas moins probant.

« Quelqu'un lui disant d'être bien sage (à Maximin), parce que son étourderie pourrait faire tort à la Salette : *Ah bien oui!* s'est-il récrié, *faire tort à la Salette! Et qui donc peut nuire à la Salette? Personne, allez! Si quelqu'un pouvait nuire à la Salette, il y a longtemps que je l'aurais démolie à moi tout seul! Mais rien ne pourra jamais lui faire tort, et il faut que la Salette soit contrariée* (2)!... »

Son explication sur ce point est d'ailleurs bonne à joindre ici :

« ... *On se moque aujourd'hui de la Salette ; mais*

---

(1) *Nouveaux documents sur l'événement de la Salette*, par M. Rousselot, p. 73 à 94.

(2) *Suite de l'Echo de la sainte Montagne*, p. 8.

c'est comme une fleur qu'en hiver on couvre de fumier et de boue, et qui, au printemps ou en été, sort de terre plus belle (1). »

Le fait est que le miracle qui donne à ces étranges mandataires leur étonnant crédit n'a jamais cessé, et ce miracle permanent, manifeste, n'est pas moindre que celui de l'Apparition, ou plutôt ne fait qu'un avec lui. Or, il est juste d'opposer ce fait patent aux détracteurs des enfants, détracteurs dont quelques-uns, quoique prêtres, n'ont rien respecté, ni les paroles et les actes les plus irréprochables et les plus louables, ni ces enfants innocents, ni une femme pieuse, ni leurs propres maîtres, ni leur Evêque, ni le Pape lui-même !

Mais il y a plus : si l'on ne peut mettre en doute que le démon ne s'acharne contre chacun de nous à proportion de l'importance de la mission qu'il plait à Dieu de lui donner, qui, même parmi bien des croyants à l'Apparition de la Salette, a tenu compte

(1) *Ibidem*, p, 185.

de cela aux petits bergers?... Qui est sans reproches sur ce point?...

Et c'est pourquoi j'ai à cœur de divulguer autant qu'il dépend de moi ce qui suit, non pas sur les deux bergers, mais sur Maximin. A présent qu'il est mort, on peut commencer à le juger. Qu'on me permette donc d'ajouter quelques lignes à l'excellent article nécrologique inséré dans les *Annales de Notre-Dame de la Salette* (1). Tout ce qui peut éclairer le public à ce sujet me semble lui être dû.

*
* *

Les habitants des montagnes du canton de Corps, dont la vie est si rude, aiment, en se rencontrant, à entrer au cabaret pour causer à leur aise de leurs cultures, de leurs bestiaux, de leurs affaires, en buvant. Maximin a vu cela dès son enfance et y a pris part. Depuis l'Apparition, tous les pèlerins ont voulu le voir, l'entendre, le questionner, et je n'ai pas à revenir sur l'étonnante façon dont il s'est toujours

(1) N° d'avril 1875, p. 357 à 362.

tiré de ces comparutions. Mais il faut bien dire qu'on eût dû les régler et les borner, peut-être à une année. En ne le faisant pas, on a rendu à cet enfant, d'un naturel mobile, toute étude suivie réellement impossible, à l'âge qui décide d'ordinaire de toute la carrière d'un homme : on lui a fait manquer ainsi sa vocation de missionnaire, dont on ne peut guère douter. C'était à qui l'aurait à son gré, au café ou chez soi, à déjeuner, à dîner, à souper ; or, comment l'habitude de ses proches ne se serait-elle pas fortifiée en lui, dans ces causeries de table tant de fois, si longtemps répétées et dont il était toujours le héros?

Le vin a son charme et excite à parler ; mais, chose merveilleuse et bien constatée, jamais il n'a fait dire à Maximin un propos déshonnête, ni ne l'a fait tomber, que l'on sache, dans l'impureté. La bonne dame qui lui a tenu lieu de mère pendant les quinze dernières années de sa vie — l'ayant, par providence, rencontré à Paris, et recueilli manquant de tout, — nous l'assure ; et le docteur, qui a ouvert son corps, pour en extraire le cœur, légué par Maximin au sanctuaire de la sainte Montagne, docteur qui avait étudié la médecine avec lui, s'est plu à dire, lors de l'opération, que jamais on ne l'avait vu prendre part aux honteux écarts de leurs camarades, si ordinaires, comme on sait, les carabins de Paris, sans parler des maîtres, se faisant gloire d'athéisme pour la plupart.

Un R. P. de la Salette, ami de Maximin depuis le Petit Séminaire, avait pris à tâche de le corriger du défaut qu'on lui a tant reproché, et l'en a repris maintes fois. Le coupable avouait humblement sa faute et promettait bien de n'y pas retomber. Pourtant, cette promesse sincère ne fut pas toujours assez fidèlement respectée, l'occasion revenant sans cesse, et alors nouveaux reproches et nouveaux regrets. Un jour, néanmoins, Maximin s'excusa. « Je ne crois pas, répondit-il au bon Père, qu'il y ait péché mortel à cela : j'ai le vin pieux. » *Il est le seul*, m'a dit à ce propos M. Orcel, lorsque je le lui rapportai. Soit, mais les faits que j'objectais tout à l'heure n'en attestent pas moins pour Maximin une exception, à laquelle je crois avec la bonne dame qu'il appelait sa maman, et dont le témoignage à cet égard ne peut laisser aucun doute.

Maximin a été assailli, pour ainsi dire, par l'ardente curiosité des femmes pieuses, sans compter celles que le démon faisait agir. On avait l'œil sur lui : on l'a toujours vu insensible à ces séduisantes bonnes grâces et remplissant sa mission avec sang-froid et simplicité. Le Père que j'ai cité le sondant une fois à fond sur ce point délicat, Maximin lui répondit : « Quand on a vu la Sainte-Vierge, on ne songe plus aux femmes. » Constitué comme il l'était, en cela aussi il a donc été toujours soutenu par une grâce exceptionnelle, et bien d'accord du reste avec la première. Sans doute, les libertins ne croient pas à ces grâces-là ; mais la vie des Saints n'en est pas moins pleine.

Ce n'est pas tout, dit-on, outre que Maximin aimait à boire, il a laissé des dettes, lui à qui l'on aimait tant à donner.

C'est vrai encore : tout pauvre qu'il était, comme ses parents, jamais il n'a fait cas de l'argent qu'on le forçait d'accepter et qui ne faisait que passer par ses mains. Il le remettait aussitôt aux Sœurs de Corps, quand il était près d'elles, ou à ses camarades, ou aux premiers pauvres qu'il rencontrait. D'où me vient le doute que ces dissipations, dont il a été incorrigible, aient été devant Dieu un gros péché, et je dirai même un péché, quoiqu'en puisse penser le monde si intéressé d'aujourd'hui.

Mais voici plus, encore : il est avéré qu'on n'a jamais vu en Maximin ni colère, ni ressentiment contre qui que ce soit. De l'humeur, une certaine grossièreté quand on le poussait à bout : oui, mais pas davantage. Malgré son naturel si vif, il a toujours été modéré, comme il le dit lui-même avec candeur dans une brochure dont je reparlerai tout à l'heure. J'emprunte auparavant à M. Rousselot ce qui suit :

« On a fait Maximin menteur, jureur, blasphémateur, buveur d'eau-de-vie, etc. J'ai fait lire à l'adolescent quelques lignes du portrait peu flatteur qu'on trace de lui. Il a répondu : *Pourquoi ceux qui me traitent ainsi n'osent-ils pas se montrer? Pourquoi dédaignent-ils de me parler? Je leur répondrais comme j'ai répondu à tant d'autres...* Lui ayant montré l'accusation d'avoir bu de l'eau-de-vie lorsqu'il était à l'Œuvre de Saint-Joseph : « *Comment l'auvais-je fait*, reprit-il sur-le-champ, *je n'avais point d'argent?* Ce qui était vrai (1). »

Une feuille libertine et impie, *la Vie Parisienne*, le bafoue indignement pour son témoignage sur l'Apparition ; puis, prenant peur d'une condamnation judiciaire, elle fait une pirouette et déclare, *de la meilleure grâce du monde*, dit-elle, qu'elle était mal informée et n'avait pas d'intentions injurieuses à son égard. Maximin répond, en renouvelant hautement son invariable témoignage, et, controversiste vigoureux et serré, en même temps que modeste et maître de soi, il donne à l'insultenr une leçon de bonne encre. Je renvoie à sa remarquable brochure. Elle date de 1866 (2). Il avait trente ans.

L'insigne grâce dont il avait été l'objet et qui lui fut évidemment continuée pour soutenir comme il l'a fait la vérité de l'Apparition de la Salette, ne lui donna jamais d'orgueil, et en cela même se mani-

---

(1) *Un nouveau Sanctuaire*, p. 168.

(2) *Ma profession de foi sur l'Apparition*, etc., broch. in-8°, de 72 pages.

festait à coup sûr le privilége dont il s'agit. Voici quatre cents pèlerins de Dijon, de Besançon et d'autres diocèses à la Fontaine miraculeuse, le 24 août 1872. Il leur fait son récit et répond à toutes les questions et objections qu'on lui pose, et ajoute : « Je n'ai jamais dit que j'avais vu la Sainte-Vierge. J'ai vu une belle Dame là, à cette place. Son corps était transparent. C'était une lumière à travers et derrière laquelle je voyais ma panetière et celle de Mélanie. Maintenant, beaucoup pensent qu'ayant eu cette vision, je devrais être un ange de la terre : qu'ils me permettent d'être seulement comme l'ânesse de Balaam. »

Par suite de la faute que j'ai cru devoir relever et qu'on a sagement évitée pour Bernadette, Maximin a donc manqué l'éducation cléricale qu'on voulait lui donner, et qu'exigeait sa vocation non douteuse. En étudiant la médecine, *expressément pour être utile dans les missions*, il pensait bien revenir à cette vocation. Mais, comme ce ne pouvait plus être que secondairement, son inconstance naturelle, toujours accrue par l'inconvénient de sa célébrité, l'a aussi arrêté dans cette voie.

Bref, Maximin n'a été constant que comme témoin de l'Apparition ; car on ne peut plus nier qu'il l'ait été avec une fidélité à toute épreuve et avec une supériorité réelle et merveilleuse sur tous les avocats du diable auxquels il a eu affaire. Sans doute, il avait de l'esprit naturel et sa bonne dose de la finesse commune à nos montagnards ; mais avec l'âge, et par les assauts sans nombre et rudes souvent qu'il a subis, ces qualités natives se sont développées ; son esprit et sa langue se sont aiguisés, et il a ainsi par lui-même, dans une certaine mesure, corroboré l'important témoignage qu'il était chargé de rendre ; ce qui ne veut pas dire toutefois qu'il ne l'eût pas fait bien davantage et plus à son honneur s'il eût correspondu pleinement à la grâce de son mandat, en devenant un saint prêtre, un saint missionnaire.

Je passe à ses derniers moments. Il meurt à la fleur de l'âge, d'une longue maladie qui, dit-on, peut bien n'être pas sans rapport avec son défaut dominant ? Je l'ignore, mais ce que je sais sûrement — je le tiens du bon Père qui n'a cessé de le visiter jusqu'à la fin, — c'est que sa résignation, sa patience, sa foi, sa piété ont été admirables et qu'il est mort de manière à faire dire à son saint visiteur : « Je voudrais bien être à sa place ! » Avis à ses moqueurs.

∴

Et à présent les incrédules, sans parti pris, prêteront-ils encore l'oreille à la calomnie ? Refuseront-ils de reconnaître que Maximin si mobile, si inconstant, plus ou moins rude par moment, a du moins toujours été pur, bon, désintéressé et qu'il a toujours conservé ces qualités capitales par une grâce singulière, qu'il aurait pu perdre et qu'il n'a pas perdue ; grâce insigne qui s'est même développée en lui et par le secours de laquelle il a rempli son mandat essentiel d'une façon surprenante ? Le pieux auteur de l'admirable vie du curé d'Ars, a fait aussi un petit livre exquis sur l'*Esprit* de ce grand Saint : qu'on en fasse un pareillement de toutes les rèponses de Maximin touchant l'Apparition, par ordre de dates, du 19 septembre 1846 au 1er mars 1875, jour de sa mort, c'est-à-dire vingt-huit années durant, et les opposants de bonne foi, les plus rebelles, en le méditant, verront — nonobstant les imperfections de l'élu de la Sainte-Vierge, sans lesquelles peut-être la tête lui eût tourné, — verront en effet resplendir en lui tout ce temps et même croître cette grâce insigne et imméritée qu'il avait reçue ; et il arrivera plus tôt, pour la miséricordieuse Apparition de la Salette, comme pour celles du Laus, objet, pendant un demi-siècle, d'attaques formidables en apparence, que toute contradiction s'éteindra sans retour. Le temps presse : nos désastres, la Commune, les inondations, le phylloxera, nos divisions croissantes sous l'œil d'un ennemi acharné, sont les avant-coureurs des nouveaux fléaux qui vont nous frapper, si les avertissements de notre bonne Mère et divine Reine — que ses enfants privilégiés ont du moins bien fait passer à tout son peuple, — ne le convertissent pas enfin.

VI.

EXTRAITS D'UNE LETTRE, DATÉE DE NIEDERBRONN 16 MAI 1850, DU COMMANDANT MARCEAU, MORT EN ODEUR DE SAINTETÉ A TOURS, LE 1er FÉVRIER 1851 (1).

I.

M. Gerin s'écriait quelque part avec douleur (p. 97) : « On ne veut se faire violence en rien!... » Qu'il me soit permis, dans cette Note, de citer l'un des rares chrétiens auxquels ne s'adressait pas ce reproche. Le lecteur m'en saura gré, j'espère.

« Je me rappelai, me dit le Commandant, combien j'avais souffert (dans sa dernière et si longue campagne autour du monde) d'un sentiment de ré-

---

(1) Sa vie a été écrite par le R. P. Mayet, de la Société de Marie, 2e édition, 2 vol. in-12, Lecoffre et Briday.

pulsion et d'antipathie que j'éprouvais contre mon second, sentiment si fort qu'en relisant dernièrement certaines pages de mon journal de conscience, il n'est pas un jour où je ne trouvasse des reproches amers, que je m'adressais pour une grossièreté ou un emportement ou un manque d'égards vis-à-vis de lui, et cela malgré que tous les jours, à la messe et dans la prière, je prisse des résolutions et je demandasse à Dieu de ne plus retomber dans la même faute. Je me rappelais des circonstances dans lesquelles assurément je ne pouvais que le scandaliser, et plus d'une fois il lui est arrivé de me dire : « Vous » avez l'intention d'être chrétien, vous devriez agir » autrement; vous manquez de charité avec moi. Je » vous déplais, soit; c'est une raison de plus pour » vous vaincre à mon égard. » Enfin, mon bon ami, j'ai eu à recevoir de lui de rudes leçons. Alors je me taisais, je rentrais dans ma chambre, je priais et je disais au bon Dieu : Vous voyez comme je suis mauvais. Je ne suis pas fâché que l'on me connaisse pour ce que je suis. Mais faites que le scandale ne perde pas ces pauvres âmes. Enfin, mon bon ami, je puis dire que, pendant les quarante-quatre mois de campagne, nous avons été, le second et moi, une lourde croix l'un pour l'autre. Je disais pourtant chaque jour au bon Dieu : C'est Vous qui me l'avez choisi, c'est parce que Vous saviez qu'il me le fallait; aussi, lors même que j'en aurais la facilité, je ne m'en séparerais pas. Vous savez, vous, ce qui est arrivé : c'est que cet homme, qui s'était embarqué, ne croyant à rien, était bon chrétien en quittant le bord, et qu'aujourd'hui il est véritablement tout à Dieu et m'est tout dévoué. Je ne reçois jamais de ses lettres sans me sentir profondément touché des témoignages de sa reconnaissance pour le bonheur qu'il me doit, dit-il, d'être revenu à Dieu. Je vous raconte tout cela à ma confusion et à la gloire de Dieu... »

Où l'on voit, me permettrai-je d'ajouter, que Marceau, tout en faisant d'héroïques efforts que sa modestie ne parvient pas à cacher, cédait encore souvent à son naturel ardent, — sa faiblesse à lui. Mais chaque fois il s'humiliait aussitôt, sans se ménager, et c'est pourquoi précisément celui qui l'éprouvait a été converti ; tandis que lui-même, grâces à ses chutes ainsi rachetées, au lieu de s'attribuer une conversion si merveilleuse, ce qui l'eût perdu, devint de plus en plus humble, c'est-à-dire plus saint. Car l'humilité est bien la vertu-mère de la sainteté, surtout, s'il est permis de le dire, pour ces caractères-là.

II.

Ailleurs (p, 73), M. Gerin disait : « Ceux qui rejettent les petites croix, en retrouvent bientôt de plus lourdes ; » et, dans sa quatrième lettre du 9 décembre 1844 (p. 117) : « Les croix que nous connaissons, et avec lesquelles nous sommes un peu familiarisés, valent infiniment mieux que celles que nous ne connaissons pas et sous le poids desquelles nous tomberions... »

Marceau écrivait de son côté (même lettre du 15 mai 1850) : « C'est une grande désolation de voir que le mystère de la croix est méconnu et rejeté, et que la plupart des ministres de Dieu en sont réduits à aider leurs pénitents à se décharger d'une croix pour en aller chercher une autre plus lourde souvent, ou dans tous les cas pour se priver des grâces que Dieu voulait leur accorder... »

Le R. P. Colin, premier supérieur général de la Société de Marie, dans laquelle Marceau comptait entrer quand la mort nous l'a ravi, a dit de lui : *Il est mort apôtre de désir.* Il l'a même été en effet, ajouterai-je, pour sa famille et ses amis, et il continue à l'être pour les lecteurs de sa *Vie.* Egaré loin de la Vérité, dans ses trente-cinq premières années, par l'esprit de notre siècle de Révolutions : dans les dix dernières, Elle l'a changé, illuminé et pris pour organe comme saint Paul. Aussi, peut-être n'est-il pas de livre plus propre à éclairer notre malheureux pays, et d'abord l'armée, son sauveur naturel, que la *Vie du* chevaleresque *commandant Marceau*, vrai type du Français, et, par parenthèse, né à Châteaudun. Sa correspondance surtout révèle une humilité ravissante, jointe à une foi et à une charité héroïques. Le très-pieux écrivain qui a écrit cette *Vie*, et qui, aussi par humilité, cache son nom que je prends sur moi de publier, fut l'ami et le confident intime de celui qu'il nous fait connaître à fond. Un peu réduit de volume et de prix, peut-être le livre d'or que nous lui devons deviendrait-il encore plus populaire. L'héroïsme du jeune général républicain Marceau (1), oncle de notre saint commandant, attire aujourd'hui la foule au théâtre : puisse à son tour l'héroïsme du neveu la ramener à l'Eglise !

(1) La pyramide funèbre de l'illustre général subsiste auprès de Coblentz, mais l'ennemi la souille d'ordures. Du moins en était-il ainsi il y a dix ans, quand je l'ai visitée. A Tours, les fidèles ont érigé un prie-Dieu sur la modeste tombe du commandant : qui sait si ses reliques exhumées ne seront pas un jour sur nos autels d'un bout du monde à l'autre ?

www.ingramcontent.com/pod-product-compliance
Ingram Content Group UK Ltd.
Pitfield, Milton Keynes, MK11 3LW, UK
UKHW021129260726
13994UKWH00001B/67